사 랑 은 사 치 일 까

사랑은 사치일까

그 누구도 아닌 나로 살기 위한 페미니즘

벨 훅스 지음 | **양지하** 옮김

현실문화

사랑의 원을 그리며

나와 함께 춤추는 모든 이에게,

늘 나를 빙글빙글 돌고, 돌고, 또 돌게 하는 앤서니에게

모든 만남에는 에로스가 현존하며, 이는 신성한 것이다. 우리는 종교적 체험에 사용되는 언어가 주는 울림과 그 역사에 귀 기울여야 한다. '만남'으로 번역되는 산스크리트어 'satsang'은 영적 회합을 뜻한다. 영어에서 '공통common'이라는 단어는 '소통communicate'과 '연대communion'로 연결된다. 연대의 상태로 존재한다는 것은 곧 존재의 본질을 의식한다는 것이다.

— 수전 그리핀

차례

사랑 없이 버티는 삶은 가능한가

여자들은 사랑에 관해 이야기한다. 소녀 시절부터 우리는 사랑이란 여자들의 대화 주제라고 배워왔다. 사랑에 대한 여자들의 집착에 가까운 애착은 타고난 것도 아니며, 누군가와 첫눈에 반해서 시작되는 것도 아니다. 여성이 남성보다 덜 중요하며, 우리가 아무리 훌륭하다 해도 가부장적 세계에서는 결코 충분히 훌륭하지 않다는 사실을 알게 된 순간부터 사랑에 대한 집착은 시작된다. 가부장적 문화에서 여성은 처음부터 그리 가치가 높지 않은 존재로 자리매김했기 때문에, 여자들은 소녀 때부터 자연스럽게 여성으로서 자신이 사랑받을 만한지를 걱정해야 했다.

우리는 사랑에 자신이 없다. 경쟁을 강요하고 항상 잘

못을 지적하는 부모 아래서 자란 탓이기도 하다. 또 한편으로는 영원히 아빠의 완벽한 딸로 남기 위해 그만 먹고 그만 자라기를 바라기도 한다. 아버지의 사랑을 지키기 위해서는 어떤 대가를 치르고서라도 소녀로 남아야 하기 때문이다. 소녀들은 부모에게든 사회에서든 사랑받을 권리는 스스로 얻어내야 한다고 어릴 때부터 배운다. '여성'이라는 사실만으로는 충분하지 않다고 말이다. 이것이 가부장적 사고와 가치를 배우는 학교에서 여자들이 받는 첫 가르침이다. 너희는 사랑을 얻어내야만 한다. 여자들은 그 자격을 타고나지 않는다. 그리고 그 가치는 언제나 타인, 외부의 누군가가 정의해줄 것이다.

「아빠 신발을 신고 춤추기」라는 에세이에서 퍼트리샤 러프는 아버지에게 더는 사랑받지 못하고 가치를 인정받지 못하는 데 대한 비통한 심정을 털어놓는다. "엄마는 아빠가 언제나 딸을 원했기 때문에 내가 태어났을 때 너무나 기뻐했다고 말해주었다. 그렇게 공주 대접을 받다가 마치 공책에서 종이 한 장이 찢겨 나가듯 아무 경고 없이 세상에 내던져졌을 때, 나는 어떤 준비도 되어 있지 않았다. 아무도 설명해주지 않은 일이 벌어진 것이다. (…) 이해 범위를 벗어난 일에 대해 나는 감정을 표현할 목소리도, 분노와 고통을 표현할 언어도 가지고 있지 않았다." 여동생도 자신과 비슷하게 거부당하는 고통을 느꼈으리라 여긴 러프는 동생과 함께 아빠와 맞대면을 시도했다. "우리는 부모님의 침실로 몸을 던지다시피 뛰어 들어가 아빠를 꼭 붙들고 우리를 내치지 말라고 말했다. 깜짝 놀라 돌처럼 굳어 아무 말도 못 하는 아빠에게 '아빠, 우리를 꼭 껴안아주세요, 우릴 사랑한다고 말해주세요, 아빠를 사랑해요, 아빠의 사랑이 필요해요' 하고 사정했다." 부모에게 거절당하거나 버림받은 느낌은 결핍의 공간으로 자리 잡아 여성으로 하여금 필사적으로 사랑을 갈구하도록 만든다.

소녀들은 어릴 때 극진한 보살핌을 받다가도 점차 의지력과 독립심을 키워가면서 세상에서 자신이 더는 사랑스러운 존재가 아니라는 사실을 깨닫곤 한다. 『오즈의 나라에서 길을 잃다』에서 마돈나 콜벤슐래그는 여성의 운명이라는 것에 대해 이렇게 말한다. "우리 모두는 근본적인 방식으로 사랑과 보살핌을 빼앗겨왔다. 애초에 그것이 사랑이 아니라 단지 사랑받았다는 느낌뿐이었을지라도 말이다. 사랑받았음을 아는 것만으로는 충분하지 않다. 그것은 **느껴져야** 하는 것이다." 주변에서 여성이라는 이유로 모두 경멸받고 있는데, 과연 자신이 진실로 사랑받는다는 믿음을 유지할 소녀가 있겠는가? 여성됨 자체를 바꿀 수 없다면 그녀는 스스로를 사랑받을 만한 존재로 바꾸려고 애쓸 것이다.

타인과의 관계 속에서 스스로를 찾게끔 교육받은 우리 여자들은 일찍부터 자신의 마음을 벗어난 곳에서 사랑을 모색하려 한다. 다시 말해 어릴 때부터 우리는 사랑의 뿌리가 자기 능력을 벗어나는 곳에 있다고, 그러므로 사랑을 알기 위해서는 타인에게 사랑받는 길밖에 없다고 배운다. 가부장적인 문화에서 여성은 자신의 가치를 스스로 매길 수 없기 때문이다. 우리의 가치, 우리가 사랑받을 가능성은 언제나 다른 누군가에 의해 결정된다. 스스로를 사랑할 수 없게 된 우리는 다른 이의 승인을 통해서만 사랑스러운 존재가 되기 때문에 사랑을 갈망하고 모색한다.

페미니즘은 여성들이 성장기부터 접하는 여성에 대한 평가절하를 비판해왔지만, 현실은 아직 그대로다. 이제 소녀들은 남녀가 평등하다는 세상에서 자라나지만, 아직도 이들의 성장기에 페미니즘적 사고나 관습은 설 자리가 없다. 여전히 소녀들은 페미니즘이 태동하기 전과 같은 방식으로 성역할에 맞서서 싸워야 하는 것이다. 여기저기 흩어져 있는 페미니즘의 가닥들이 그런 노력을 지지해주지만, 소녀들은 가부장제의 견고한 틀에 갇혀 살던 때와 비슷하게, 아주 작은 자유만이 허용되는 세계에 살고 있다고 느낀다. 이렇게 덫에 걸린 듯한 상황에서는 인종과 계급에 상관없이 사랑받지 못하리라는 두려움이 소녀들 사이에 널리 퍼진다.

가족에게 사랑받고 있다는 확신을 갖지 못한 소녀는 자신의 가치를 증명할 두 번째 기회로 남자의 사랑을 구한다. 남자의 관심과 승인을 얻기 위한 학창시절의 열병이나 광기 어린 집착과 충동적인 그리움은 한 소녀가 자신의 젠더적 운명을 옳은 방향으로 따라가고 있다는 것을, 남자 없이는 아무것도 아닌 여성의 길을 착실히 가고 있다는 사실을 증명한다. 욕망이 이성을 향하건 동성을 향하건 간에, 가부장적 승인을 받으려 애써야만 그녀는 사랑받을 가치가 있는 존재가 된다. 이 같은 불확실한 감정은 모든 여성의 삶에 끊임없이 출몰한다.

그러니까 여자들은 사랑의 속성에 대해 처음부터 혼란을 겪는 셈이다. 이들은 여성이라는 점 때문에 끊임없이 평가절하되는 상황에서도 사랑을 찾을 수 있다고 잘못 생각하며 사회화된다. 그런 까닭에 우리는 페미니즘 운동이 일기 시작하던 시기에도 사실은 가부장적 승인이 관건임을 알고 있었지만, 사랑이 그 무엇보다 중요하다고 생각하는 척하도록 배웠던 것이다. 태어날 때부터 여자들은 대부분

버려질지도 모른다는 두려움, 허용된 테두리를 벗어나면 사랑받지 못하리라는 두려움 속에 살아간다.

일찍부터 스스로의 가치를 확신하기 위해 타인을 유혹하고 즐겁게 해줘야 한다는 강박에 사로잡힌 여자들은 허용되고 승인되고 욕망되기 위해 노력하느라 자기를 잃어버린다. 지금까지 사랑에 관한 이야기는 주로 욕망을 둘러싼 것이었다. 페미니즘은 사랑을 향한 여성들의 강박을 바꾸지도, 사랑에 대해 생각할 수 있는 새로운 방식을 제공하지도 못했다. 그 대신 우리가 사랑에 대해 생각하기를 멈춘다면, 사랑이 중요하지 않은 듯 살 수 있다면, 적어도 '너무 많이 사랑하는 여자'라는 경멸적인 여성 범주에는 속하지 않을 수 있다는 교훈만 새겨왔다. 역설적인 점은 물론 우리 대부분이 결코 너무 많이 사랑하지는 않았다는 점이다. 오히려 우리는 전혀 사랑하지 않았다. 우리는 스스로의 가치나 이 지구에서 살아갈 자격을 증명하기 위해 (남자건 여자건) 상대에게 알아차려지기를 절박하게 원하고 그를 위해서라면 무엇이든 할 수 있는, 감정적으로 궁핍한 존재였다. 가부장 문화의 여성들과 마찬가지로 우리 모두는 사랑의 노예가 아니라 갈망의 노예였다. 스스로 주장할 수 없으니 우리의 자유를 대신 주장하고 허용해줄 주인을 기다리는 노예 말이다.

페미니즘은 우리가 자유로워지고 사랑을 알 수 있는 문화가 생겨날 것이라고 약속했다. 하지만 그 약속은 실현되지 못했다. 많은 여성이 자기 삶에서 사랑의 위치를 알지 못해 여전히 혼란스러워한다. 그들은 사랑의 중요성을 인정하지 않으려 했다. 차갑고 몰인정한 가부장적 남성들처럼 감정을 차단함으로써 체제 안에 편입되어 권력을 얻은 여자들에게 경멸당할까 봐 두려워한 것이다. 가부장적 역할을 연기하면서 쟁취해낸 권력이 여성을 자유롭게 할 것이라고 속이는 권력 지향 페미니즘은 또 하나의 사기와 같다. 우리가 사랑에 대한 새롭고 예언적인 사고방식을 만들어내지 못한 탓에 20대 후반에서 30대 초반의 여성들은 그저 권력 쟁취에 집중하는 모습을 보여준다.

가부장제는 언제나 사랑을 여성의 영역으로 여기며 그들의 노동을 평가절하하고 비하해왔다. 여성이 사랑하는 방법을 배우는 데 실패해도 아무도 보살펴주지 않았다. 가부장제에서 남성은 언제나 기꺼이 사랑 대신 보살핌을, 존경 대신 복종을 원했기 때문이다. 굳이 페미니즘이 아니더라도 우리는 여성이 남성보다 더 관계나 연결, 커뮤니티를 원한다는 것을 알고 있었다. 이미 가부장제가 여성들을 그렇게 훈련시켰기 때문이다. 예나 지금이나 페미니즘이 여성에게 알려줘야 하는 것은 사랑이 지배의 맥락 속에 결코 존재할 수 없으며, 여성들이 원하는 사랑은 속박된 상태에서는 결코 찾을 수 없다는 것이다.

사랑이라는 주제에 관한 나의 첫 책 『올 어바웃 러브』에서 나는 여성이 선천적으로 더 다정한 것이 아니라 사랑하는 방법을 배우도록 권장되었다고 조심스럽게, 여러 번 반복해서 이야기했다. 그렇게 사랑을 권장받은 여성은 오랜 시간 사랑의 관습들을 살피게 되었고, 사랑받지 않는 상태, 충분히 사랑받지 못하는 상태를 두려워하게끔 되었다. 오늘날 젊은 여성을 포함한 모두에게 사랑의 본성에 대해 알려줄 것이 많은 사람들이 있다면 그것은 아마 페미니즘 투쟁을 거치며 거기에 기반을 둔 치유 과정을 통해 자기애야말로 사랑을 제대로 찾아가는 핵심임을 깨닫게 된 여성들, 즉 이제 중년기에 접어든 내 또래 세대일 것이다.

내 또래 여성들은 사랑하는 주체로서 자기 자신을 발견하기 위해 가부장적 패러다임을 넘어서야 했던 세대다. 진정한 자기를 향한 여정은 우리에게 새로운 세계를 만들 것을 요구했다. 내면의 소녀를 깨워 태어날 때부터 존중받고 사랑받으며 영원히 가치를 인정받는 세계에서 그 소녀를 맞이하라고 말이다. 내면의 소녀를 사랑하다 보면 우리는 종종 엉뚱한 장소에서 사랑을 찾느라 입은 상처가 치유되는 느낌을 받기도 한다. 대개 성인이 되고도 한참 지나서야 우리는 진정한 사랑의 의미를 생각해볼 매혹적인 기회를 갖게 되고 사랑이 얼마나 중요한지를 명확히 이해할 수 있게 된다. 가부장제에서의 '구식 사랑'이 아닌, 개개인을 영적으로 성장시킬 수 있는 변화의 힘을 지닌 사랑에 대한 보다 깊은 이해를 말이다.

어떤 여성도 자신만의 사랑의 방법을 찾기 전에는 자유를 찾을 수 없다. 사랑을 추구하는 작업은 곧 연대communion란 무엇인가를 완전히 이해하는 것으로 이어진다. 『일상의 에로스』에서 수전 그리핀은 이렇게 말했다. "연대를 향한 소망은 몸속에 존재한다. 사회변혁을 위한 모든 운동에서는 결집이 핵심이라는 전략적 이유 때문만은 아니다. (…) 이런 모임은 본질적으로 인간의 상상력의 중심에 있는 욕망, 스스로를 커뮤니티 안에 두려는 욕망, 우리의 생존을 공공의 노력으로 만들고자 하는 욕망, 서로가 연결되고 우리를 지탱하는 지구와도 연결되고자 하는 욕망 등을 현실화한 것이다." 따라서 우리의 영혼이 찾는 사랑의 연대는 인간이 할 수 있는 가장 영웅적이고 숭고한 탐색이라 할 수 있다.

　가부장적 세계는 일단 사랑을 위한 여정을 떠나도록 우리 여자들을 부추긴 다음 그 길목에 장애물을 놓았다. 이것이 지금도 이어지고 있는 인생의 비극 중 하나다. 이제 젊은 여성과 어린 소녀들이 여행을 계속할 수 있도록, 먼저 길을 떠난 언니들이 사랑의 비전을 제시할 시간이다. 사랑을 찾아 떠나는 여정은 곧 진정한 자아 해방의 길이다. 사랑에 관해 자신의 가슴이 시키는 길을 따른다면, 인생에서 사랑의 의미와 가치를 명확하게 알 수 있게끔 우리의 영혼을 복구시키는 문화적 혁명의 과정에 진입하는 셈이다. 그 여정에서 낭만적 사랑은 물론 중요한 부분이지만 전부는 아니다. 낭만적 사랑이란 여성의 행복을 보장해주는 사랑의 연대 혹은 사랑의 모임을 만들기 위한 총체적 과정 중의 한 모습이라고 생각하자.

　이 책 『사랑은 사치일까』에서는 진정한 사랑에 가닿고자 전력투구했던 여성들의 경험과 성공담, 그들이 부딪친 장벽에 대해 이야기 나누고자 한다. 10대와 20대 내내 마음의 사막에서 길을 잃고 헤매다 중년에야 사랑을 알게 된 여자들의 지혜를 한데 모았으며, 30대 이후에 사랑의 여정에서 새로운 비전과 치유의 통찰, 그리고 기억에 남을 황홀감을 찾은 여자들의 이야기를 들려주려 한다.

이 책은 여자들이 사랑에 대한 탐색을 삶의 중심으로 되찾아왔을 때 느껴 마땅한 기쁨에 대해 입증하고 기념한다. 우리는 사랑받기를, 자유롭기를 갈망했다. 이 책을 통해 나는 어떻게 그것을 성취할 수 있는지 보여주려 한다. 버림받음과 상실에 대한 두려움을 극복한 여자들의 이야기와 고통과 투쟁의 기억을 나누고, 상처 입은 열정을 뒤로하고 마음을 여는 방법을 알아가면서, 진정한 즐거움이 있는 곳을 향해 여성들이 한 걸음 내디딜 수 있기를 바란다. 그곳은 우리에게 함께 사랑의 연맹에 동참해 즐기고 축하하자며 거듭 손짓하고 있다.

1장 **우리는 모두 가슴 아픈 경험을 했다**

요즘 나는 매일 여자들에게 사랑과 나이 듦에 관해 이야기한다. 마흔이 넘으면 그런 이야기가 더욱 필요한 법인데, 재미있는 건 40대 여성들이 이전 어느 때와 달리 이제는 나이 드는 게 나쁘지 않다고 입을 모은다는 사실이다. 어려움이 아예 없다곤 할 수 없지만 나이 듦에는 분명 즐거움과 기쁨이 따른다. 마흔 이후의 삶이 썩 만족스럽다는 말이 젊은 여성들에게는 아마 새로운 이야기일 것이다. 실망스러운 문제가 닥쳐오더라도 이쯤 되면 우리는 좌절하고만 있지 않고 털고 일어나 다시 시작하게 된다. 중년의 삶이 가진 힘과 즐거움이란 바로 이런 것이다. 그리고 그 덕은 상당 부분 페미니즘에 빚지고 있다. 페미니즘에 대해 이러쿵저러쿵

하는 게 이제는 마치 날씨에 대한 잡담처럼 흔하고 빤한 것이 되었다지만 말이다. 여성 해방, 여성 인권, 그 무엇으로 부르건 페미니즘은 여성이 나이 듦을 바라보는 시각을 바꾸어놓았다. 나이가 들면 언제나 욕을 달고 살면서 주위 사람들을 괴롭히며 남자도 여자도 아닌 좀비로 변한다는 둥 30~40대가 되면 여자의 인생이 끝난다고 일러주던 과거의 답안지를 던져버린 우리 세대는 이제 나이 듦을 긍정적으로 여기게 되었다. 따라서 페미니즘 운동에 결함이 있었다는 사실은 그리 중요하지 않다. 결국은 우리 **모두**가 과거의 삶의 각본에서 자유로워지는 데 페미니즘은 도움이 되었기 때문이다.

우리는 나이 듦을 생각하는 방식을 바꾸었고 사랑에 대해 생각하는 방식 또한 바꾸었다. 페미니즘 덕분에 세상이 바뀌기 시작했을 때, 한동안 계급적 특권이든 교육 혜택이든 덕을 본 건 일부 여성에 불과했다. 대체로 시류를 잘 알았던 부류는 종종 예외적인 혜택을 얻었고, 기대 이상으로 성취했다. 페미니즘은 한편으로 이들을 높이 띄웠지만 성과는 대개 일부 여성에게 한정되었으며, 평범한 대다수 여성의 삶은 바뀌지 않았다. 하지만 나이 듦을 바라보는 새로운 시각은 널리 확산되었고, 그에 따라 몸에 대한 성차별적 관념들이 도마 위에 올랐다. 미에 관한 새로운 기준이 제시되기도 했다. 이를테면 통통한 몸이 얼마나 감미로우며 둥근 배가 얼마나 숭고한지, 팔이나 다리에 난 털이 얼마나 매력적인지 등. 페미니즘은 애정 생활에서든 직장 생활에서든 자아실현을 향한 새로운 가능성을 열어주었다.

나이 듦을 더는 부정적으로 생각하지 않게 된 여자들은 '중년의 사랑'이 갖는 의미에 대해서도 다르게 생각하기 시작했다. 『우리가 지금까지 알게 된 것들』이라는 인터뷰집에서 베스 베나토비치는 이런 사실을 뒷받침하는 강력한 증거들을 제시한다. 작가 에리카 종은 예리한 통찰력으로 이렇게 선언했다. "우리는 지금 선구자를 탄생시키는 정신적 혁명기를 살고 있다. (…) 나이 든 여성들은 예언자나 조언자로서의 옛 지위를 다시 부여받는다. (…) 이 시대에 위대한 변화가 다시 일어나고 있는 것이다. 이제 몸에서도 그동안 아름답다고 여겨졌던 곳 이외의 부분에서 영감을 발견하고, 선구자로서 생의 후반기를 재정립해야만 한다."

나이 들어가는 여성에게도 어려움은 여전히 많다. 하지만 가장 큰 변화는 모든 세대, 모든 계급, 모든 인종의 여성이 그 어려움에 건설적인 방식으로 대응하고 있다는 점이다. 부모나 배우자의 죽음, 자녀의 비극적 죽음, 빈 둥지 증후군 등은 우리 삶에 심리적 혼란을 가져왔지만, 진솔하고 열린 대화가 있어 도움이 되었다. 나이 듦이라는 문제를 다루는 여러 가지 독창적인 방법을 보여주는 여성들이 없었더라면, 삶의 고통에 관한 우리의 이야기는 진부한 것이 되었을 것이다.

모험을 선택할 용기는 오늘날 여성들의 삶을 이루는 중요한 요소이며, 페미니즘 운동이 일기 전부터 많은 여성이 이미 지니고 있던 자질이다. 유방암으로 말없이 고통받던 예전의 여성들과 오늘날 수술로 유방을 제거한 후에도 당당하고 사랑스럽게 이를 공개적으로 말하는 오늘날의 여성의 삶은 적잖이 다르다. 시인인 디나 메츠거는 사진을 찍어 한쪽 가슴만으로도 여성이 아름다울 수 있음을 보여주었으며, 정치·여성 이론가 질라 에이젠스타인은 『만들어진 유방암』에서 유방암과 관련한 개인적인 이야기를 숨김없이 이야기한다. 이런 식으로 여성들은 세상을 바꾸어냈다.

나는 증조할머니, 할머니, 이모할머니, 이모, 딸, 손자 손녀가 함께 사는 흥미로운 여자들의 세상에서 대가족의 일원으로 자라났다. 그 안에서 나는 일찍부터 노년의 삶이 기쁨으로 가득하다는 것을 알 수 있었다. 집안의 여자들이 각자 인생의 전성기를 이야기할 때마다 나는 마치 젖과 꿀이

흐르는 땅을 보는 듯했던 것이다. 전성기에 그들 각자는 아름다운 뱀처럼 허물을 벗고 새로운 몸, 이전보다 더 강하고 아름다운 몸으로 다시 태어나 새로운 기회를 갖게 되었다. 산아 제한이 없던 시대에 태어난 불행한 여인들에게 폐경은 마치 노예가 자유인이 되는 길과 같았다. 만약 낙태 수술을 받을 경우 한 사람의 삶이 정신적으로든 육체적으로든 끝날 수 있었기 때문에, 계급을 막론하고 여자들은 덫에 걸린 듯한 감정을 공유하고 있었다. 비혼주의자에 독신으로 지내며 경제적 여건이 되는 여자들조차도 강제적 성관계 한 번으로 언제든 모든 것이 바뀔 수 있다는 두려움을 떨치지 못했다. 그런 세계에서는 더 이상 아이를 낳을 수 없게 되는 편이 더 자유로워지는 길이었다. 이럴 때 중년은 마법의 시간이 된다.

엄마가 친구들과 이 '인생의 변화'가 주는 즐거움을 이야기하는 걸 들을 때면 나는 기뻤다. 그들은 결코 '폐경'이라는 단어를 사용하지 않았다. 얼마나 사려 깊은지! 그들이 중년의 변화에 대한 의학적 용어를 받아들였다면 그 단어가 가진 부정적 함의와 월경의 상실이 의미하는 무게를 떠안아야 했을 것이다. 그 단어 대신에 그들은 미묘하고도 고혹적인, 신비로운 그들만의 특별한 언어로 인생의 중년기에서 뿜

어져 나오는 변화들을 축복했다. 향기를 머금은 안개를 좇다가 홀리듯, 그 언어는 이제 나에게도 찾아왔다. 이제 신호들을 감지하며 나 또한 그 변화의 중심에 서게 된 것이다.

엄마와 엄마의 친구들, 그리고 다른 많은 여성에게 중년에 접어드는 게 짜릿했던 이유는 이들이 더는 자기 시간을 죄다 남을 돌보는 데 쓰지 않아도 되기 때문이었다. 이제야 드디어 혼자서 시간을 보낼 수 있게 된 것이다. 아무것도 하지 않아도 되는 자유 시간이 없다는 사실은 이들을 평생 괴롭혀왔다. 그네들은 주체할 수 없을 정도로 시간이 남아도는 나날이 오기만을 기다려왔다. 노동을 잊고 놀이와 휴식을 생각할 수 있는 시간을 말이다. 그런 엄마와 엄마 친구들의 이야기를 들으면서 나는 중년의 삶보다 더 바랄 만한 것은 없으며 그때가 되면 삶이 이전보다 달콤할 거라고 확신했다. 심지어 그전까지 행복했더라도 중년은 그보다 더 행복할 거라고 말이다. 다만 나는 중년의 삶 또한 여성에 대해, 그리고 사랑에 대해 내가 알고 있던 것을 전부 다시 생각해야 하는 시간이라는 사실은 알지 못했다.

중년 여성의 삶에 관한 글들은 대개 폐경을 '그저 일어나는' 사건처럼 다룬다. 하지만 그건 사실이 아니다. 그 시기에 일어나는 너무나 많은 일을 모두 파악하기조차 어렵다.

지구상에 태어난 첫날부터 여자는 일어나는 모든 사건의 핵심이 되지만, 대부분은 뜻대로 이루어지지 않으며 전혀 유쾌하지도 않다. 여자에게 중년의 삶이 마법이라는 것은 이제 우리가 여러 가지 일을 자신이 통제하며 스스로 시간과 방식을 정할 수 있다는 뜻이다. 여자들은 생애 대부분을 가부장적 길잡이들이 이미 지정해놓은 사랑의 길을 따라가야 했다. 여자들은 아무리 고통스럽고 실망스럽더라도 비판하거나 도전하는 대신 지배 구조 안에서도 사랑이 존재할 수 있다고 믿어야 했다. 페미니즘 운동과 그 이후의 많은 진통 끝에 여자들은 이제 '사랑'과 '지배'란 어울리지 않는 조합이라는 데 그 어느 때보다 힘껏 동의한다. 둘 중 한쪽이 존재한다면, 나머지 한쪽은 부재하는 것이라고 말이다. 몇몇에게는 이 사실이 훨씬 더 고통스러웠다. '지배'는 오늘날 여전히 주요한 질서이기에, 남성과의 파트너십을 원하는 여성들은 사랑하고 사랑받는 방법에 대해 알고 싶어 한다. 이 책은 바로 그 커다란 질문에 대답해보려는 것이다.

처음 내가 이 책을 쓰고 있다고 이야기했을 때 사람들은 나이가 들어도 그전처럼 사랑이 중요한지 물어오곤 했다. 나처럼 서른이 되기 전에 꼭 죽어버릴 것만 같다고 생각하며 그 이후의 삶에 무관심했던 여자들이 너무도 많았던 것이다. 이런 생각은 성인 여성이 되기를 두려워하는 데서 비롯한다. 여자들은 영원히 소녀이길 원한다. 소녀 시절 여자들은 자신이 권력을 가지고 있다고 느꼈고 스스로에 대해 확신이 있었으며 강했고 맹렬했다. 젊은 여성의 단계로 접어드는 길목에서 여자들은 어떤 방식으로든 힘을 잃기 시작했다. 소녀기에 대한 최근의 흥미로운 연구 결과들을 보면, 어린 소녀들이 관습적인 여성성을 강요하는 성차별적 메시지에 함몰되기 전까지는 대체로 스스로를 강하고 대담하며 대단히 창조적이고 힘이 넘치는 존재로 여긴다는 증거들을 발견할 수 있다. 그러나 성차별적 메시지를 따르려면, 그들은 권력을 잃어야 했다.

권력에 대한 상실감은 대부분의 여성이 성장하면서 느껴온 감정이다. 그리고 그 감정에는 사랑받지 못한 채 영원히 버려지리라는 두려움이 뒤따른다. 성인이 되고 한참이 지난 지금의 삶에는 단지 권력을 회복할 뿐 아니라 마침내 진정한 사랑을 알 수 있는 기회가 존재한다. 예전과는 다르되 여전히 가부장적인 이 세계에서 여성들은 그 어느 때보다 힘을 갖는 것이 어려움을 토로한다. 즉 여성들은 실상 자유를 완전히 허용하지는 않는 이 세계에서 '엄청난' 자유를 누리고 있는 셈이다. 이 사실은 이전 세대의 여성 대부분은 대면하지 않았던 새로운 쟁점들을 만들어냈다. 예를 들어 우리 부모 세대 중 얼마나 많은 여성이 고통스럽고 행복하지 않은 결혼 생활을 50년 이상 유지하고 있는지 생각해보라. 그런데도 사회는 그게 여성의 운명이라고 가르쳐왔다. 오늘날 많은 여성은 절대 자신이 페미니스트라고 말하지 않고, 자신들의 삶이 어떤 방식으로든 페미니즘에 영향받았다고 인정하지 않지만, 위협을 당하거나 비참한 상황에 놓이거나 혹은 단지 사랑을 받지 못하는 상황을 넘어 부당한 대접을 받는다면 그 관계를 그만둘 수 있는 힘을 가지게 되었다. 그런 관계에서 벗어나는 것은 그들이 삶에서 사랑이 무엇인지 알 수 있는 가능성을 열어주는 계기가 된다. 반면 '영원히 결혼 생활을 유지하는' 그들의 선배 세대는 대개 사랑에 회의적이다.

나는 아직도 어머니가 때때로 아버지의 무정함에 상처받았던 일을 기억한다. 아버지는 틈만 나면 바람을 피웠는데, 요즘 시대가 되어서야 그런 행동들이 미친 짓, 폭력으로 여겨진다. 당시 부모님은 결혼한 지 20년 가까이 되었고, 나는 막 고등학교를 졸업하려던 때였다. 1960년대 말 특유의 반항적인 용기와 자만심에 부풀어 나는 엄마에게 아빠와 헤어지라고 충고했다. 그때 나를 바라보던 엄마의 슬프고 지친 표정을 잊을 수 없다. "누가 나를 원하겠니?" 엄마는 기어들어가는 목소리로 말했다. 순진한 사춘기 소녀였던 나는 이런 엄마의 반응에 놀라 엄마를 신기하게 쳐다봤다. "그게 무슨 말도 안 되는 소리예요?"라고 묻자 엄마는 슬픈 목소리로 약간 떨며, 자신은 이미 한물갔고 자식도 많은데 도대체 어떤 남자가 자기 같은 여자를 원하겠냐고 설명했다. 이것이 가부장제의 중심에 살던 소녀 시절, 내가 사랑에 대해 배운 가장 고통스러운 교훈 중 하나다.

지금은 심지어 불행한 결혼 생활에 갇힌 이조차 적어도 자신에게 출구가 있다는 사실을, 결혼이라는 관계와 제도 바깥에 자신을 원하는 사람들이 여전히 존재한다는 사실을 알고 있어 다행이다. 누군가는 자신에게 해당되는 일이 아니라고 생각하더라도, 같은 문화에서 다른 여성들의 삶을 예시로 진실을 목격할 수는 있을 것이다. 변화를 선택하든 그러지 않은 간에 여성에게 모델이 존재한다는 건 정말로 중요하다. 오늘날 여성들이 양쪽 성에서 자유롭게 파트너를 고른다는 사실은 젊은 여성들이 성적으로든 아니든 사랑에 대해 알고자 하는 공통의 관심사를 가진 이들과 서로 경험을 나눌 수 있다는 뜻이다.

1950년대에 태어난 나는 여자는 결혼을 해야만 하며

그 결혼을 영원히 유지해야 한다고 믿는 세상에서 자랐다. 당시에는 모두가 '죽음이 우릴 갈라놓을 때까지'라는 말을 믿었다. 사람들은 일요일이면 교회에 갔고 목사의 설교를 진지하게 받아들였다. 그러다 내가 10대 후반이 된 1960년대 말쯤 모든 것에 질문이 던져지기 시작했다. 결혼이란 정당한 것인지, 교회란 진정 중요한 것인지 등에 관해 말이다. 당시는 이른바 대반란의 시대였다. 갑자기 세상이 흔들렸고 그 무엇도 지속되지 않았다. 나 역시 전적으로 그 반항에 참여했다. 다만 그동안 교육받아온 가치들을 완전히 포기할 수는 없었던 나는 일종의 곡예를 시도했다. 사회가 합법화하는 결혼 제도에 들어가기를 포기하면서도 헌신과 지속 가능한 관계에 대한 신념은 고수하려 했고, 남편감을 찾지는 않더라도 평생의 동반자를 원했으며, 이성의 결여로서 사랑에 빠진다는 개념을 거부하고, 선택과 의지의 행위라는 측면에서 사랑에 대한 관점을 받아들이려 했다.

오늘날의 페미니즘 덕택에 나는 여성들을 가부장적 남성과의 관계에 피학적으로 종속되거나 희생되게 만드는 사랑이라는 관념에 의문을 가지게 됐다. 또 동반자적 관계가 반드시 남자와 함께일 필요는 없다는 점, 즉 여자에게 여자도 낭만적 사랑을 위한 선택지일 수 있음을 알려주었다. 이

것은 남부 침례교도 집안에서 엄격하게 자란 여자애를 들뜨게 할 하나의 새로운 방식일 수도 있었지만, 나는 그 전부를 필수적으로 적응해야 할 것들로 받아들였다. 나는 행복한 삶을 위해 구시대의 좋은 것들을 유지하면서 새로운 방식 중 최선의 것을 잘 버무린다는 전략을 세웠다. 이 전략은 이론상으로는 좋았으나 실전은 혹독했다. 많은 것이 실패로 돌아갔는데, 그중 사랑과 관련한 실패가 가장 고통스러웠다.

초창기부터 급진적 페미니즘은 여성들이 사랑에 강박적으로 집착하고 있다고 지적했다. 극단적인 예로, 일부 여성운동가들은 아예 사랑일랑 잊어버리고 권력을 지향하라고 권고하기까지 했다. 요컨대 사랑은 희생자에게, 권력은 승리자에게 속한다는 것이었다. 당시 나는 부끄러운 줄도 모르고 어릴 때부터 뇌리에 새겨진 대로 낭만적 사랑을 쟁취하겠다는 이상에 집착하고 있었다. 소녀 시절에는 바비를 위해 태어난 것과 마찬가지인 켄에게 매혹되었고, 성인이 되자 그 소꿉놀이를 실제로 할 수 있게 되었다. 페미니즘이 열여섯 살의 내 온몸에 침투했을 때도 나는 여전히 바비와 켄처럼 상대와 영원히 행복한 유대를 이룰 수 있을 거라 믿었고, 그러기를 바랐다.

페미니즘 사상가이자 행동가로 20년 넘게 살았지만 사랑에 대한 집착은 내가 처음 내 바비 인형에게 켄을 소개했을 때와 마찬가지로 간절하다. 바비와 켄을 손에 들고 나는 하나의 세계, 즉 둘의 낭만적인 연대가 서로의 영혼을 고양시키고 마음을 열게 하는 영원한 사랑의 세계를 창조해냈다. 내가 만들어낸 것은 천국이었다. 바비와 켄 인형에 부여한 진정한 사랑과 완벽한 연대라는 환상은 곧 내가 사랑을 탐색하는 토대가 되었다. 내 조부모는 80년 가까이 결혼 생활을 유지하고 있었고, 내 부모 또한 영원히 함께일 것 같았다(물론 어린 내 눈에도 당시 나의 부모나 다른 부부들이 사랑에 빠져 있는 것처럼 보이진 않았지만). 나는 사랑의 완수라는 문제에 완전히 사로잡혀 있었다. 정말로 어떻게 사랑을 실현할 수 있는지를 이해하고 싶었다.

사랑을 알고 싶다는 욕망은 소녀 시절부터 성인이 될 때까지 이어지며 내 삶을 지배했다. 정서적으로 성장하면서 그 집착의 성질은 변해갔다. 페미니스트가 된 후 나는 더 이상 사랑에 대해 예전처럼 이성애 중심적으로 생각할 수 없었다. 사랑으로 가는 길은 여러 갈래였고 그 방식은 서로 다르지 않았다. 그 어느 때보다도 나는 여성들이 느낄 수 있는 사랑의 기쁨이 삶의 도처에 있음을 알게 되었다. 그것이 내가 사랑을 갈망하는 여성들, 특히 삶의 한가운데에 접어든 여성들에 관한 좀 더 개인적인 책을 쓰게 된 이유다.

내 전작 『올 어바웃 러브』가 우리 삶 속 사랑의 의미와 관습에 대한 보편적인 담론이었다면, 이 책은 내가 인생의 여러 단계를 거치며 사랑에 대한 생각을 바꾸어나간 과정을 담은 좀 더 개인적인 이야기들이다. 진정한 사랑을 추구하는 여정에서 내가 발견한 것은 페미니즘 운동이 여성들의 삶의 방식을 많이 바꾸었으며, 특히 남성과의 사회적 평등을 향해 나아가는 진입로를 열었다는 사실이다. 이전 어느 때보다 지금 여성들이 큰 자유를 누리고 있다지만 그 자유가 우리에게 진실한 사랑으로 가는 길목을 열어주었는지는 의문이다. 그 자유가 로맨스와 파트너십의 속성을 어떻게 바꾸었는지 확실치 않은 것이다. 일부 여성은 결혼해서 그 관계를 평생 이어간다. 다수는 경제적으로 자립했다. 많은 여성에게 아이가 없다. 이전 어느 시기보다 많은 여성이 싱글인 상태로 중년을 맞이한다. 사랑과 삶의 동반자에 대한 갈망은 어떤 방식으로든 실제 여성들의 삶을 반영한 형태로는 이야기된 적이 거의 없다.

얼마 전까지만 하더라도 낭만적 사랑과 파트너십에 관한 이야기 중 30대 이후로도 혼자인 이성애자 여성은 영원히 혼자일 확률이 높다는 정도의 통념을 넘어서는 담론은 거의 부재했다. 여자가 자기 남자를 찾지 못한 채 마흔을 맞이한다는 건 있을 수 없는 일이라는 정도의 얘기뿐이었다. 이런 통념은 대중매체를 점령하며 여성들의 마음에 큰 두려움으로 전파되었고, 교묘하고 간접적인 방식으로 대중의 반페미니즘적 정서를 자극했다. 더 높은 교육을 받고 커리어를 쌓으며 '돈 좀 벌어서'(인정하자!) 스스로 경제적 삶을 책임져야 한다는 생각에 집중하는 이들에게 짝을 찾을 확률보다 비행기 사고로 죽을 확률이 더 높을 거라는 이야기는 심각한 경고였다. 영화 〈시애틀의 잠 못 이루는 밤〉에서는 주인공 애니 주변의 모든 사람이 그녀가 단지 결혼하지 않았다는 이유만으로 걱정과 패닉에 빠져 살도록 부추긴다. 그녀는 자신이 사랑을 찾지 못할 가능성에 대해 불길하게 예고하는 온갖 통계자료를 끌어안고서, 결혼 이외의 면에서는 부족할 것 하나 없는 자신의 삶을 두고 전전긍긍한다. 그런 통계자료는 여성들에게 남자를 구해 관계를 유지하는 일이 가장 중요하다고 여기는 삶의 방식으로 돌아가라고 위협한다.

내가 택했던 남자를 떠날 것인지 말 것인지를 두고 씨름하고 있을 때도 이 지독한 경고들은 내 삶을 위협했다.

10년도 넘게 함께 지냈지만 나는 그와의 관계에 만족할 수 없었다. 그는 개인적 성장이나 감정적 솔직함에 관심이 없는 사람이었다. 직장에서는 남녀 평등을 지지했지만, 사적인 관계에서는 나를 주로 성욕을 충족할 대상으로 봤다. 많은 여성이 그렇듯 나도 다른 상대를 다시 구하지 못할 거라는 경고를 무시할 수 없었다. 다른 무엇보다 그런 두려움 때문에 관계를 필요 이상으로 길게 유지했다. 결국은 자유와 자아실현, 사랑에 대한 갈망이 두려움을 이겨냈다. 그와의 관계를 정리하는 것은 내게 사랑의 포기가 아니라 진정한 사랑을 탐색할 가능성을 여는 자유의 몸짓이었다. 나는 그 관계를 떠났고, 그건 기분 좋은 결정이었다. 사랑을 알 수 없던 관계를 떠남과 동시에 나는 사랑을 찾을 수 있는 가능성을 열었다.

두 눈을 부릅뜨고 진정한 사랑과 완벽한 관계를 탐색하던 소녀일 때와 마찬가지로 성인 여성에게도 사랑은 중요하다. 우리는 여전히 찾고 있으며, 일부는 그토록 갈망하던 사랑을 이미 찾았다. 더는 어리지 않은 이 시기가 마법의 시간인 것은 우리 중 상당수가 이제 사랑의 의미를 조금 더 안다는 뜻이다. 우리는 이제 사랑을 한다는 것, 사랑을 받는다는 것의 의미를 안다. 경험이 쌓인 것이다.

우리 대부분은 가슴 아픈 경험을 해보았다. 고통에서 가르침을 얻었고, 약속된 사랑을 스스로 준비할 수 있게 되었다. 사랑은 분명 약속을 지킬 것이다. 우리 중 몇몇은 여전히 기다리는 중이지만 분명히 다시 사랑할 수 있다. 그리고 다시 사랑하게 되면, 그 사랑은 지속될 것이다. 수많은 시련과 착오를 통해 우리는 진정한 사랑이 자기 자신을 사랑하는 데서 시작된다는 사실을 잘 알게 되었다. 그리고 사랑을 탐색하다 보면 우리는 거듭해서 처음의 출발점으로 돌아와, 여성인 자기 자신을 사랑으로 돌아보고 다시 태어날 수 있게 마음을 비춰주는 거울 앞에 선다.

사랑에 대한 페미니즘의 비판은 여성들이 삶에서 사랑이 차지하는 위치에 대해 이야기하지 못하도록 가로막았다. 그럼으로써 여성해방운동이 추구해온 완전한 자아실현을 위한 모든 여성들의 자유를 약화하는 결과를 낳았다. 페미니스트 사상가와 활동가들이 사랑과 로맨스에 대한 예전의 가부장적 사고방식을 갈가리 찢어버린 것은 물론 옳았지만, 소녀들과 성인 여성들에게는 여전히 희망과 약속으로 가득한 새로운 자유의 이상이 필요했다. 안내서와 지도의 역할을 할 새로운 비전이 없다면, 사랑을 향한 탐색은 충족되지 못하고 사랑으로 가는 길은 여전히 숨겨져 있을 뿐이다. 여

성들에게는 문화 전반의 분위기 쇄신과 구원하는 사랑에
대한 새롭고 건설적인 비전이 필요하다. 우리는 다시 사랑으
로 돌아와 사랑이 가진 변화의 힘을 선언해야 한다.

2장 **사랑의 적절한 장소**

　　내 어머니는 한 번도 사랑에 관해 이야기한 적이 없다. 엄마와 이모들은 인생을 즐기는 것 같았으며 일찍 결혼했고 자녀들이 있었다. 그들에게는 결혼이 사랑보다 중요했다. 사랑은 사람을 위험에 빠뜨릴 수 있기 때문이다. 반면 결혼은 안정적인 장소를 제공했다. 그곳에서 여자들은 꿈을 숨기고 아닌 척하는 세계를 만들어 영원히 머물렀다. 10대가 채 되기도 전에 나는 결혼하고 싶지 않다는 걸 알았다. 내 부모의 결혼을 찬찬히 들여다보고 그건 나와 맞지 않다고 결정했다. 어느 날엔가 엄마와 말다툼하면서 "나는 절대 결혼하지 않을 거야. 어떤 남자도 나에게 이래라저래라 할 수 없어"라고 자신 있게 말했던 걸 기억한다. 물론 아버지의 횡포에 매번 굴복했던 엄마의 방식에 대한 간접적인 비난이었다.

1940년대 후반에서 1950년대 초반에 결혼한 그 세대의 다른 여자들처럼 엄마는 남성의 옆 혹은 뒤를 여성의 자리로 여겼다. 남편의 의지에 순응하고 그의 요구를 들어주는 것이 아내의 역할이고, 그 대가로 남편은 아내를 보호하고 부양한다고 말이다. 교회와 성경, 학교와 공동체, 그리고 엄마가 그토록 즐겨 읽던 여성지들이 이런 믿음을 유지시켰다. 만약 내가 외할머니 바바와 외할아버지 대디 거스의 관계에 매혹되지 않았더라면, 그런 믿음은 나의 의식에도 큰 영향을 미쳤을 것이다. 외할머니와 외할아버지 역시 사랑에 대해 이야기하지 않았고, 죽을 때까지 결혼 상태를 유지했다. 각방을 쓰면서도 관계를 유지하는 두 사람의 모습이 어린 내 눈에도 놀라웠다. 부모님은 그들이 왜 같이 잠들지 않는지 절대 설명해주지 않았지만, 우리의 (연로하여 말하기 좋아하는) 조부모는 언제나 모든 걸 말하려 했다. 바바 할머니는 할아버지의 담배 냄새를 도저히 견딜 수 없다고 서슴없이 말했다. 담배를 직접 말아 피웠던 할아버지의 주머니와 서랍장엔 언제나 담배 종이가 있었다. 할아버지의 태도는 한층 더 확고했다. 누구나 자기 방식대로 침대나 방을 사용하게 마련이므로 누군가와 자기보다 혼자 자는 것이 훨씬 합리적이라는 것이다. 두 분에 대해 내가 기억하는 바는 그렇다. 그들이 방을 따로 쓴 건 독립된 각자의 개성을 표현하는 방식이었다. 두 분은 내게 개인의 정체성을 유지하면서도 결혼 생활을 이어가는 것이 가능하다는 사실을 가르쳐줬다.

집안의 법칙은 할머니가 정했다. 할머니가 집안일을 관장하고 난로를 도맡아 관리하는 모습을 보며 자란 우리는 남자가 모든 일을 담당해야 하는 건 아님을 배웠다. 할아버지는 친절하고 무던한, 약간은 태평한 성격이었다. 할머니는 대부분의 일을 떠맡고, 나서서 목소리를 내고, 규칙을 정하는 타입이었다. 할머니는 집안에서 권력을 행사하기를 즐겼고, 때로는 가혹했다. 내가 소녀였던 시절 아빠는 전통적 역할과는 정반대였던 자기 부모의 성역할을 받아들이지 않았다. 아빠는 제대로 된 가정이라면 언제나 남자가 여지없는 우두머리여야 한다고 믿었다. 아빠의 말은 곧 법이었다. 어쨌거나 내 조부모와 부모의 경우 모두 가정의 근본을 이루는 핵심은 사랑이 아닌 권력이었다. 그럼에도 나는 어릴 때부터 할머니와 할아버지의 결혼 생활을 보며, 여성이 지배하는 세계가 더 애정 있고 부드럽다는 것을 알 수 있었다.

내 조부모의 경우가 평화로이 유지된 유대 관계라면, 내 부모 간 관계에는 긴장과 갈등이 가득했다. 아주 어릴 때부터 나는 결혼이 이처럼 한쪽이 우위에 서고 다른 한편은 굴복하는 권력투쟁이어야 한다면 그 어느 쪽에도 속하고 싶지 않다고 생각했다. 이미 어린 나이에 결혼에 대한 희망을 잃었지만, 그 상실감은 오히려 권력의지보다 더 필수적인 사랑을 찾고야 말겠다는 욕망을 강화했다.

사랑에 대한 내 생각은 한편으로 책과 텔레비전의 영향을 많이 받았다. 내가 어린 시절을 보냈던 1950년대에 여자의 자리는 집 안이었으며 여자의 운명은 좋은 가정주부로서 남편과 가족의 건강을 불평 없이 보살피는 것이었다. 돌보는 사람으로서 여성의 역할은 다른 이들의 신체 건강부터 정신적 행복까지 책임지는 것이었다. 그러기 위해 여성은 다른 이들의 요구를 들어주어야 했다. 이 모든 역할을 완수하느라 엄마가 얼마나 힘들어했는지를 나는 똑똑히 봤다. 우리 형제들은 모든 일을 아름답고 능숙하고 멋지게 해내는 엄마를 존경했다. 심지어 무거운 물건도 엄마가 들고 옮겼으며, 아빠가 자신의 즐거움과 일에만 신경 쓸 때 엄마는 우리의 요구를 들어주었다.

엄마의 고생과 헌신과 그 모든 노력은 당연시되었고,

어떤 보상도 없었다. '가장'인 아빠는 언제나 불평거리를 찾아냈다. 우리에게 엄마는 완벽해 보였지만 아빠는 결코 만족하지 않았다. 엄마는 아빠를 만족시키기 위해 언제나 늦게까지 일해야 했고, 기력을 소진했다. 뼛속까지 지쳐버린 엄마는 중년이 되자 아빠의 뜻을 거스르고 바깥 활동을 하면서 좀 더 자기주장을 하려고 했다. 그때마저도 아빠는 엄마가 새롭게 얻어낸 독립을 방해했다. 독립적인 경제력과 자유를 얻고자 중년에 일터로 나가는 많은 중년 기혼 여성의 희망은 이렇듯 남편의 반대나 무시에 부딪혀 정당한 가치를 인정받지 못한다. 경제적 자유를 느낄 만큼 충분히 벌지는 못하더라도 여성들은 우리 엄마가 그랬듯 일을 한다는 사실만으로도 자존감이 고취되는 경우가 많았다. 그리고 그 성취감은 어떤 방식으로든 그들의 일상에 변화를 가져온다. 당시 나는 막 열여섯 살이 된 시점이었고, 엄마의 기력이 소진되는 걸 보면서 나는 도저히 그 길을 갈 수 없겠다고 생각했다. 나는 절대 종속적인 아내나 주부가 될 수 없을 것이라고 말이다.

　노동계급으로 태어나 그 역할을 벗어날 수 있는 유일한 길은 교육이었다. 또한 이 세상에서 결혼을 원치 않는 여자가 가질 수 있는 직업은 가르치는 일뿐이었다. 어릴 때부터 책 읽기를 무엇보다 좋아했던 나는 글을 쓰며 살고 싶었다. 여성들은 어린 시절 남성 독재자(아버지, 남자 형제, 남편)에게 학대받는 어머니를 보며 깊이 영향받고 심리적 외상을 겪었다고 수많은 전기에 적혀 있었다. 엄마를 구원하기 위해 그리고 나 자신의 운명을 바꾸기 위해 나는 엄마가 살아온 방식을 거부하기로 했다. 새로운 운명을 위해, 나는 이미 주어진 여성의 역할에서 눈을 돌렸다.

여성해방운동을 접하기 전에도 나는 관습적인 기대에 맞서려 했다. 내가 아내나 엄마 대신 작가가 되겠다고 했을 때 가족들은 끔찍하다는 반응을 보였다. 그들은 내가 악마에 홀렸다고 믿었다. 그들의 신념에 따르면 결혼 제도를 거부하고 가족과 가정을 원하지 않는다면 그건 여자의 본성을 거스르는 일이자 신의 섭리를 거역하는 일이며, 나는 타락한 죄인이었다.

타락한 소녀로서의 정체성을 받아들이기는 했지만, 나 스스로가 본성을 거스르는 괴짜로 여겨지는 건 어쩔 수 없었다. 그건 내가 선택한 정체성이라기보다는 보이지 않는 힘에 의해 부여된 것이었다. 다른 무엇보다 좋은 책을 쓰고 싶은 내 마음은 나도 어쩔 수 없었다. 고생길이 눈에 훤했지만 나는 내게 주어진 운명을 받아들였다. 부모님은 어김없이 나를 책에서 떼어내고 싶어 했다. 그들은 나를 수치스럽게 여겼으며, 나를 벌했다. 책들이 나를 망치고 너무 많은 생각을 하게 하며 좋은 주부가 되기 위한 여성적 덕목을 파괴한다고 말했다. 아빠 앞에서 엄마는 이런 신념을 더 확고하게 주장했다. 그러나 아빠가 일하러 나가면, 엄마는 나의 독서를 장려했다. 자기도 학창시절 작가가 되고 싶었다고 엄마는 말했다. 이처럼 두 가지 다른 인격을 갖는 것은 가부장제에 대한 일종의 사적인 반란으로 볼 수 있다. 한편으로 엄마는 결혼 생활에 대한 깊은 실망감을 드러냈다. 거기서 엄마가 소중히 여겨지고 보살핌을 받고 보호받고 사랑받았는지에 관해서는 밝혀진 바 없다. 날이 저물고 아빠가 집에 돌아올 저녁 시간이 되면 엄마는 다시 1950년대의 보통 엄마로 돌아갔다.

그리고 나는 괴짜로 남았다. 자신에게 주어진 생물학적 본성을 거스르는 여성 중 하나로 말이다. 그 시대의 소위 위대한 심리학자들은 우리가 탈출할 길은 없다고 못 박았다. 여성은 수동적인 존재이기 때문이었다. 주체적으로 행동하고자 하는 여성의 갈망은 모두 병적인 것으로 치부되었다. 여성은 남성과 함께, 남성을 통해서만 충족되어야 했다. 그 이상을 원하는 여성은 남자를 거세시키는 미친 악마와 같은 존재였다. 적정 수준의 자기혐오와 수치심을 느끼며 나는 내 운명을 받아들이면서도 그걸 바꿀 수 있다고 은밀히 믿었다. 나는 나를 있는 그대로 사랑해줄 짝을 찾을 수 있고 또 그래야 한다고 믿었다. 그리고 그게 진정 가능하다고 승인해준 세계는 오직 책 속에만 존재했다.

내가 결혼과 사랑을 분리할 수 있도록 도와준 건 책이었다. 나는 소녀 때부터 결혼에 대해서는 포기했지만 전능한 사랑에 대한 믿음은 도저히 떨칠 수 없었다. 처음에는 동화, 그다음에는 로맨스 소설에서 진정한 사랑과 완전한 연대의 개념을 내 세계로 받아들였다. 나는 소울메이트를 찾아 유년기의 상처를 치유받으리라 믿었다. 사랑 덕분에 구조된 신데렐라가 대표적인 예였다. 백설공주나 라푼젤, 그리고 다른 이야기책의 여주인공들은 길을 잃었지만 결국 집으로 돌아왔고, 나는 사랑 없는 유년기에서 나도 결국은 반드시 구조될 거라고, 사랑을 찾으면 내 상처도 치유될 거라고 믿었다.

훗날 빅토리아 시대의 책들을 읽으면서 사랑이 나를 구원하리라는 확신은 더 강해졌다. 꿈의 남자는 아니지만 자신의 지성을 높이 사는 상대를 찾아 결혼한 『작은 아씨들』의 조는 강렬한 사랑 덕분에 삶이 바뀔 수 있다는 증거를 보여주었다. 『제인 에어』는 고통스럽고 학대받던 유년기를 벗어나 자신을 존중하고 욕망하고 사랑하는 상대를 찾을 수 있다는 사실을 확인시켜줬다. 나는 사랑을 다룬 위대한 문학의 고전과 싸구려 로맨스를 번갈아가며 읽었다. 나중에 할리퀸 로맨스 장르로 자리 잡은 초창기 밀스앤분 출판사의 책 중 대부분은 노동계급 여주인공이 고난을 겪은 후 부유하고 막강한 상대와의 애정 관계로 보상받는 이야기였다. 대개 남주인공이 지속적으로 상대 여성을 존중하고 아껴주는 것이 줄거리의 핵심이었다. 가난한 노동계급의 여성이 사랑을 찾는 작품 속에 가정폭력이나 학대는 등장하지 않았다.

사랑이 가진 변화의 힘을 믿은 게 나쁜은 아니었다. 결혼과 가정을 꿈꾸는 평범한 소녀들도 자신들이 낭만적 사랑의 문을 통과할 수 있으리라 믿었다. 1950년대에는 사랑을 통해 자아를 찾을 수 있으며 우리가 사랑한 남자들이 우리를 구원하리라는 순진한 믿음이 널리 퍼져 있었다. 우리는 사랑을 위해 모든 걸 기꺼이 바치려 했다. 사랑이 모든 걸 보상해주리라 믿었기 때문이다. 그리고 '자연스럽게' 남자에 집착하지 않고 본성을 거스르는 괴짜인 우리에게 사랑은 더욱 중요했다. 사랑이야말로 우리를 구원할 유일한 희망이었던 것이다.

나의 옛 연인들은 모두 손에 넣을 수 없는 '나쁜 남자' 들이었다. 나는 세상물정 모르는 귀엽고 공부 잘하는 여자 애들이 그러듯 남자들의 관심을 끌 수는 있었지만 관계는 오래가지 못했다. 그들의 남성성, 특히 남근을 선망할 수가 없었던 나는 남자애들이 달콤한 이야기로 꼬드길 수 있는 부류가 아니었다. 소위 끝까지 가는 관계에 대한 성적 판타 지를 나도 가지고 있었지만, 현실에서 내가 아는 남자들은 모두 우리 아버지를 무서워했다. 나는 똑똑하지만 순진하고 성경험 없는 여자애들이 곧잘 당하는 데이트 강간을 면할 수 있었는데, 그 이유는 남자애들이 말 없는 가부장, 즉 우 리 아버지의 소유물인 나를 건드리면 보복을 당하리라 두 려워했기 때문이었다. 어떤 식으로든 만남을 유지한 내 고 교 시절 유일한 남자 친구는 나보다 두 살 어린, 또래보다 키가 크고 몸이 마른 운동선수 스키퍼였다. 처음에 나는 나 보다 어린 남자아이를 만난다고 주변에서 놀림을 받았다. 내가 그를 고른 이유는 그가 똑똑한 나를 좋아한다고 했기 때문이다. 어쨌든 남자를 만나는 건 내가 '정상'이라는 분명 한 증거였기 때문에 부모님은 좋아했다. 스키퍼를 선택했다 는 건 내게도 희망이 있다는 의미였다. 내 선택이 일종의 용기였으면 좋았겠지만 안타깝게도 나는 내가 '정상'이 아닐까 봐 두려웠을 뿐이다. 그래서 남자에게 조금이라도 흥미가 생기면 열심히 관계에 매달렸다. 나이를 막론하고 남자들은 대체로 내게 흥미를 불러일으키는 대신 두려움을 몰고 왔다. 남자를 두려워하라고, 처벌자인 아버지의 힘과 여성을 정복하는 남성의 힘을 두려워하라고 배워온 탓이다.

아버지는 내게 남자에 대해 직접적으로 말해주었다. 내 자매 중 누군가가 아버지 눈에 만족스럽지 않은 남자와 사귀려고 하면 아버지는 우리가 별로 알고 싶지 않은 '진짜 남자의 속성'을 강조하면서 허락하지 않았다. 진짜 남자는 두려운 존재라는 것이었다. 우리는 아버지를 두려워했다. 그러므로 우리는 결코 그를 알 길이 없었다. 그를 사랑할 수도, 그의 사랑을 알 수도 없었다. 그는 우리를 보호하고 책임지는 사람이었다. 정해진 선을 넘는 것은 문제의 소지가 있다고 그는 생각했고, 집을 떠나기 전까지 나는 아버지와의 전투에서 늘 패배했다. 아버지의 말은 곧 법이었다. 아버지의 사랑을 느낄 수도 아버지를 사랑할 수도 없었다. 아버지는 사랑이 아니라 두려움을 불러일으키는 가장이었다. 아버지와 나의 마지막 전투는 내가 켄터키에 있는 우리 집에서 한참 먼, 아버지의 말에 따르면 낯설고 불건전한 캘리포니아에 있는 스탠퍼드 대학교를 가겠다고 했을 때였다. 그때조차 나는 내 모든 꿈을 엄마의 발치에 두고 있었다. 엄마는 내 꿈을 현실로 만들 수 있는 통역가이자 마법사였고, 아버지는 가면 안 된다고 이미 결정하고 대학 진학에 관한 모든 이야기에 침묵으로 일관했다. 아버지에게 캘리포니아는 너무 먼 곳이었다. 아버지는 대학에 관해 나에게 한마디도 하지 않았다. 그의 말은 곧 법이었으므로, 그의 결심이 곧 가족의 결정이었다. 엄마는 아버지의 메신저에 불과했다. 처음에 나는 현실을 받아들이고 분노의 눈물을 흘리며 합격 통지서를 쓰레기통에 던져버렸다. 하지만 그다음 순간 내 안에서 무언가가 일었다.

이건 기회이며 놓쳐서는 안 된다고 영혼이 말하는 소리를 들었다. 나는 아버지의 의지에 반항했다. 그래도 죽지는 않았다. 반란군처럼 나는 스탠퍼드에 가겠노라고 선언했다. 내 결정에 대한 아빠의 생각은 전혀 알 수 없었다. 대학으로 도망칠 때, 엄마만이 버스 정류장에 배웅 나와 내 행복을 빌며 손을 흔들어주었다.

집을 떠나기만 했는데도 나는 이 세계에서 미아가 된 기분이 들었다. 머물 곳을 찾는 건 내게 사랑을 찾는 것과 같은 말이었다. 그리하여 나는 베트남전 때문에 반항의 기

운이 가득한 1960년대 후반의 스탠퍼드에 도착했다. 그 시대를 지배하는 질서는 혁명이었다. 흑인 인권운동가들은 모든 사람에게 인종차별에 반대하라고 주장했다. 피임약이 생겼고 모든 사람은 공공연히 성적 자유를 주장했다. 페미니즘은 여성의 삶을 모조리 바꾸어놓았다. 그리고 켄터키에서 온 촌년이었던 나는 그 한복판에서 머물 곳을 찾고 있었다.

여정은 흥미진진하면서도 무서웠다. 다른 여자 신입생들처럼 나도 모순적인 존재였다. 한편으로는 나 자신의 고유한 정체성을 찾아 자립하고 싶으면서도 다른 한편으로는 나를 구해줄, 나를 보호하고 책임져줄 짝을 찾고 싶었다. 물론 스스로 생계를 책임질 능력을 갖추고 싶었지만, 불가피할 경우에 대비해 지원군을 마련해놓고 싶었던 것이다. 나는 자유로운 영혼이 아니었다. 새로운 시대의 정신과 자유, 선택에 대한 급진적 생각들과 집에서 배운 구식의 가치들—보수적이고 책임감 있게 보살피는 사람이 되라는—을 융합하고 싶었다. 가족과 공동체의 가치를 지켜야 한다는 책임감에서 그토록 벗어나고 싶었지만 심리적으로는 여전히 종속되어 있었다. 반항할 힘은 있었지만 자유로울 힘은 없었던 것이다. 나는 내 이전 세대의 여성들과 마찬가지로 대립되는 두 정체성, 즉 독립적이며 성적으로 자유로운 여성이 되려는 욕망과 정착하고 길들여지고자 하는 욕망 사이에서 분열되어 있었다. 내 어머니 세대가 좋은 아내이자 엄마이고 싶은 욕망과 개별적 존재로서의 자기표현에 대한 욕망 사이에서 분열되었다면, 나는 내면의 독재자를 따르고자 하는 욕망과 그런 자아에 대한 불신 사이에서 분열된 것이다.

나는 반체제적인 여자애 혹은 괴짜 페르소나를 채택하기로 마음먹었는데, 그건 뭔가를 창조하고 나 자신과 세계를 알고자 하는 비용으로는 그리 비싸지 않은 듯했다. 나는 세계를 홀로 마주할 준비가 되지 않았다. 단순히 말해서 나는 필수적인 생존 기술을 갖추고 있지 않았다. (학생 때 종종 겪었던) 섭식 문제와 불면의 밤들, 그리고 몇 차례 심각한 우울증을 겪으면서도 나는 억척스럽게 나만의 방식을 고집했다. 내가 원한 건 자아실현이었다. '헤매는 존재'로 지낸다는 건 정신적으로 너무 큰 부담이었으므로 나는 사랑을 찾아 나섰다. 나 자신을 지키며 계속 나아가는 데 필요한 용기를 얻을 수 있는 상대와의 사랑을 말이다.

성차별적 규범을 거부하고 반체제적인 여성으로 존재하기 위한 지지를 찾으려는 이런 투쟁은 오늘날의 젊은 여성들에게서도 발견된다. 성적 비하와 폭압에 대항해 자신을 정의하기 위해 이 시대의 젊은 여성들은 자랑스럽게 '쌍년 bitch'이라는 페르소나를 채택했다. 30대 언저리의 맹렬한 여성인 엘리자베스 워첼은 "자유, 버려진 자유의 환각인 쌍년 페르소나는 우리에게 매력적이다"라고 선언한다. 내 세대의 반체제적 여성들은 이제 모두 40대 후반 혹은 50대 초반이 되었고 더는 쌍년이 되고 싶어 하지 않는다. 우리는 완전한 자아실현, 자기인식, 완전한 인간됨을 원했다. 우리는 세계가 그런 우리를 반대한다는 것도 알고 있었다. 그래서 상대의 성별에 관계없이 이 탐색을 긍정할 상대를 찾는 것이 우리의 희망이었다.

과거의 어젠다를 떠나보내고 새로운 여정에 착수하기까지의 과도기에 대해서는 아직 충분히 이야기된 적이 없다. 1960년대 말에서 1970년대 초에 걸친 여성의 사고와 행위의 변화를 피임법의 발달과 여성 인권운동의 결과로 보는 역사적, 사회적 자료들은 많지만, 이런 변화가 심리적으로 어떤 결과를 가져왔는지는 아직 명쾌하게 밝혀지지 않았다. 사회 특권계급 출신의 내 또래 여성들과 달리 엄마가 일을 하거나 아빠가 그들의 자의식 추구를 지지해주지 않았던 나와 비슷한 부류의 사람들은 홀로 씨름해야 했다. 그리고 이 고립감이 증폭되면 종종 정신질환의 원인이 되었다.

최근에 나는 여동생 중 한 명에게 내가 열여덟 살 때 처음으로 정신과 의사를 만난 이야기를 해줬다. 첫 치료사는 내가 어떻게 도움을 구할 생각을 했는지 알고 싶어 했다. "내가 정상이 아닌 것 같아요. 자기 자신을 죽이고 싶어 하는 건 정상이 아니잖아요. 도움이 필요한 게 당연해요." 운 좋게도 나는 여자대학교(스탠퍼드는 당시 여학교였다)에 입학했고, 거기서는 내가 가진 정신적 문제에 관해 이야기해도 부정적 낙인을 찍지 않았다. 똑똑하고 재능 넘치는 젊은 여자애들이 많았고 그들은 부모가 골라준 길이 아닌 다른 길을 가길 원했다. 우리의 모반은 우리를 정신적 위험에 빠뜨렸다. 체제에 편입되지 않는다는 건 감정적 비용을 치러야 하는 일이었다.

자신의 여정을 그릴 지도가 없었고 자신의 이야기를 분명히 표현할 수 없었던 우리는 시인이자 소설가인 실비아 플라스의 글을 보며 위안을 얻었다. 우리가 겪던 모순들, 견디거나 맞서 싸워야만 했던 갈등을 전부 겪었던 플라스는 우리 세대의 아이콘이었다. 우리는 모든 면에서 남자와 동등하길 원했고, 동시에 자기 자신이길 원했으며, 그 두 갈래 길이 우리를 같은 곳으로 데려다줄 것이라 확신할 수 없었다. 믿을 수 없을 만큼 양성이 평등한 세계가 되었다지만,

엘리자베스 워첼이 『비치』에서 이야기한 것은 적확했다. "플라스의 목소리는 욕망하기를 허락받고 싶어 하는 사람들을 대변했다. 그녀는 한 가지가 아닌 다양한 욕망을 원했다. (…) 자신의 욕망에서 행복하고 희망찬 것들의 맛 좋은 영양분을 거부당한 그녀는 정서적 난파를 겪으며 고갈되었다. 그런 불충족은 플라스의 명석한 현존보다도 더 압도적인 무게로 그녀의 어깨에 내려앉은 부재였다. 결국 그녀를 죽인 건 정신적 기근이었다." 플라스가 소설 『벨 자』를 발표했던 1950년대, 똑똑한 여자들의 가장 깊은 내적 갈등은 내 몸이 나를 배반한다는 것, 정서적 지지를 얻지 못해 우울증에 시달린다는 것, 그리고 돌아갈 곳이 없다는 현실이었다.

내 경우, 가부장적 가정에서 자란 광적이고 히스테릭한 괴짜라는 이미지와 공상의 영역에서 내가 만든 자유분방한 여성 작가라는 이미지 사이에 끼여 있었다. 당시 내가 닮고 싶은 여성 역할모델이 없었던 건 확실하다. 꽤 오랫동안 나는 시인 에밀리 디킨슨의 운명이 현실적 모델이라고 생각했다. 작가가 되기로 한 대가로 나는 혼자가 되리라. 디킨슨처럼 가부장적 공동체 가운데 혼자만의 공간을 만들어내리라. 가족은 때로 내게 좋은 직업을 보장해줄 교육을 받도록 지원해주었지만, 가정과 교회의 가치에 위배되는 사상을 배운다고 여겨질 때면 그 후원은 즉시 중단됐다.

스탠퍼드에 입학한 후, 나는 지성인이자 작가가 되려 기를 쓰고 노력했지만, 그동안 내 세계의 전부였던 엄격한 근본주의적 크리스천 공동체에서 떨어져 살아갈 준비가 아직 되지 않은 상태였다. 나의 자유사상이라는 것도 파시스트적인 가족 품 안에서 생각한 것이었고, 나의 반역은 모두 사사로운 일에 대한 것이었으며, 그에 대한 처벌은 엄중했다. 그러다 갑자기 감시도 스파이도 집에 돌아와 보고할 대상도 없어진 것이다. 그래도 여전히 나는 내 안의 감시자와 싸워야 했다. 내 안에 내면화된 권위자는 가족이나 교회의 가부장적 목소리를 빌려 나를 계속 감시했다. 혼전 성관계는 죄악이며 정숙한 여성을 망치는 길이다, 똑똑한 여자가 되면 남자들이 싫어한다, '너무 똑똑한' 여자는 결국 미쳐버리고 말 것이다. 이런 목소리에 맞서려고도 했지만 나는 거기서 자유롭지 못했다. 실험적으로 굴거나 뭔가를 무릅쓰려고 하면 멀리 도망갈 수는 있어도 결코 벗어나지는 못했다. 내 정신 건강을 염려하는 가족에게 나는 심리적으로 세뇌당했다. 나는 내가 고장 나 남은 일생을 정신병원에서 보내야 할지도 모른다고 믿도록 교육받았으므로 내 욕망도 나 자신도 신뢰할 수 없었다.

스스로 자기혐오를 직면하도록 도와줄 진보적인 의료법을 찾을 만큼 기민하지 못했던 나는 그 대신 사랑을 찾아다녔다. 그것은 시간과 에너지는 많이 들더라도 학업과 지적 작업에 방해가 되지는 않을 탐험이었다. 물론 나는 페미니즘 덕분에 광기에서 빠져나왔다. 여성해방운동은 나의 여정과 갈망에 초점을 맞출 수 있게 해주었으며 자아실현에 대한 나의 욕망을 입증하게 해주었기 때문이다. 여전히 사랑을 찾으려는 내 갈망은 변함없었고, 여성해방운동은 내가 올바른 관점에서 사랑을 탐색하도록 도와주었다. 그 덕분에 가부장제 내에서 여성의 자아 탐구는 훌륭한 남자가 베푸는 사랑에 의존할 수 없다는 것을 알게 되었다.

궁극적으로 나는 무턱대고 사랑을 찾으려 하기보다 나 자신의 마음을 믿게 되었다. 나는 사랑을 구했지만 자유를 찾았다. 그리고 내가 찾은 자유는 여성의 삶에서 사랑이 있어야 할 적절한 장소를 재발견하게 해주었다. 사랑은 애정 관계라는 원천에서 샘솟는 것이라기보다 자아실현을 추구하는 과정에서 생겨나는 것이었다. 자아실현 추구는 내 운명을 결정짓는 필수적인 일이며, 나를 건설하고 삶을 창조해나가는 단단한 토대에 사랑이 깃든다는 사실을 깨달은 것이다. 사랑에 대한 추구와 자유에 대한 탐색을 연결하는 것은 중요한 과정이었다. 사랑을 찾는 여정에서 나는 자유를 향한 길을 발견했다. 자유로워지는 법을 배우는 것이 곧 사랑을 배우는 첫 단계였던 것이다.

3장 혁명은 침실에서부터!

사랑을 추구하는 여정은 나를 페미니즘으로 이끌었다. 페미니즘적 사고는 나를 얽매고 짓누르던 과거로부터 나를 풀어주었다. 페미니즘은 어린 시절부터 느껴온 고립감을 벗어나 나와 비슷한 사연을 가진 여자들의 모임을 찾아가도록 나를 이끌었다. 모두 자아실현을 강렬히 원했고, 성차별을 없애고 싶어 했으며, 성적으로 자유롭고 순수하고 싶어 하는 나와 닮은 구석이 많았다. 서로의 이야기를 들으면서 우리는 각자 자신의 목소리를 듣는 것 같다고 느꼈다. 첫 여성학 수업의 선생님은 작가인 틸리 올슨이었다. 노동계급 출신 여성으로서 결혼과 가정을 지키며 작가 경력을 쌓아가야 했던 고통스러운 경험과 함께 그녀는 우리에게 상처와 희생에 관한 목격담을 공유해주었다. 그녀의 이야기는 내 영혼을 휘저어놓았다. 틸리 올슨의 단편 「나는 다림질하며 여기 서 있네」에서 엄마가 자기 딸에 대해 다음과 같이 말하는 결말부를 읽으며 심장이 요동치지 않을 여성이 있을까? "나에게는 너무 늦게 깨달음이 왔어요. 그 애의 마음속에는 많은 것이 있지만 거기서 아무것도 나오지 못하겠지요. 또래 여자애들이 그렇듯 내면에는 우울감과 전쟁, 두려움이 있어요. 그렇게 살 거예요. 내면의 모든 것은 꽃피지 못한 채 말이지요. 사람들 대부분이 그렇지 않나요? 어쨌든 먹고 살아야 하니까요. 단지 이 다림판 위에 무력하게 놓인 옷보다는 그 애가 더 중요하다고 믿을 수 있게 해줘야 해요." 이게 올슨의 소설이었다. 진짜 인생을 열정적으로 가르쳐준, 젊은 페미니즘 사상가들에게 꽃피우라고, 감히 위험을 감수하라고 말해준 선생님이었다.

급진적 페미니즘 사상에 점점 빠져들면서 나는 남녀 간 관계가 진지하게 토론되는 곳을 한 군데 알게 되었다. 수업과 모임을 가지면서 우리는 가부장적 사고가 남자와의 관계에 얼마나 큰 영향을 미쳤는지 알게 되었다. 우리가 남성 혐오를 배우고 있다는 미디어의 주장과 달리, 우리는 오히려 남성의 정체성과 자아실현이 가부장적 사회화로 침해

받고 있음을 이해하고 있었다. 남성들이 단순히 자유의지로 여성을 억압하는 것은 아니었다. 그들은 자신의 의지와 상관없이 속하게 된 제도 속의 개체로서 행동하고 있었다. 다만 우리는 가부장제가 남성을 다루는 폭력적인 방식보다 사회적 평등을 쟁취하고자 하는 여성의 자율성에 훨씬 강렬하게 동조했을 뿐이다.

사랑에 대한 뉴에이지적 글쓰기가 다시 유행하기 훨씬 이전에, 페미니즘 운동에서 활약했던 여성들은 우리 눈을 뜨게 했고 우리가 의심 없이 갖고 있던 사랑에 대한 생각에 질문을 던지며 범위를 확장시켰다. 이전까지 그런 생각은 단지 남성들에 의해 전해졌을 뿐 아니라 남성의 지배를 강화하고 유지하는 방식으로 이야기되었다. 특히 페미니즘은 심리학적 사고에 혁명을 가져왔다. 심리학 이론의 성차별적 편견이 처음으로 까발려진 것이다. 페미니즘 사상가들의 이야기를 들은 남성과 여성은 모두 기존의 이론이 가부장적 가정을 유지하기 위해 취했던 관습적인 방식에 대해 알게 되었고, 변화를 요구하는 목소리를 들었으며, 양지로 나온 여성의 자기계발에 관한 새로운 이론에 귀를 기울이게 되었다.

궁극적으로 이성애에 질문이 던져졌다. '그의 사랑을 벗겨보라, 두려움을 발견할 수 있을 것이다', '적과의 동침',

'페미니즘은 이론, 레즈비어니즘은 행동'과 같은 슬로건이 대중화됐다. 페미니즘 이론가 메릴린 프라이는 이렇게 썼다. "여성이 이성애자가 되도록 강제하는 압력은 너무도 강하다. 이 압력은 만연해 있는 동시에 전적으로 숨겨져서, 이성애는 많은 여성에게 자연스럽게 여겨질 수가 없다. (…) 대부분의 여성은 이성애자가 되기를 거의 강요당한다. 나는 이성애자 여성들이 이를 심각하게 다시 생각해보기를 바란다. (…) 이성애자 여성들은 어떻게, 언제, 왜 자신이 이성애자가 되었는지를 내가 어떻게, 언제, 왜 레즈비언이 되었는지를 생각할 때 그러듯 적극적으로 궁금해해야 한다." 페미니즘 운동가들이 남성을 혐오했기 때문에 이런 질문을 던진 것이 아니다. 오히려 여성 개개인이 삶에서 느낀 페미니즘적 사고나 관습들을 남성과 공유하려 했을 때 극명한 대립을 맞닥뜨리면서 내놓게 된 현실적이고 직접적인 응답이었다. 대부분의 남성은 가부장제가 자신들에게 수여한 특권을 포기하지 않으려 했다. 페미니즘 정치학을 포용하고 변호하지 않으며 성차별적 위계에 동의하는 남성들은 페미니즘 운동에 위협이 된다. 즉 그들은 스스로를 적으로 포지셔닝한 셈이다. 필연적으로 이런 위협을 마주한 여성들은 남성을 중심에 두지 않아도, 즉 남성의 요구에 굴복하지 않아도 삶이 가능하다는 현실로 주의를 기울인다.

성적 관계 혹은 낭만적 관계를 이성애로 시작한 페미니스트 여성들은 자신들이 생각하는 방식으로 상대 남자를 바꾸는 데 지쳐 자연스럽게 자신과 비슷한 사람과 연인 관계를 유지하는 게 훨씬 쉽겠다고 생각하게 된다. 그 시기 우리는 여성이 가부장적 남성과의 친밀한 관계 속에서 진정한 자유를 쟁취하는 게 가능한가에 대해 열띠게 토론하곤 했다. 아주 소수의 남성들만이 페미니즘으로 기꺼이 개종하겠다는 의지를 보였다. 남자와의 관계도 유지하면서 동시에 페미니즘을 포용하고자 한 여성들은 단순히 남자로부터 등을 돌린다면 더는 신경 쓰지 않아도 될 권력 투쟁에 끝없이 휘말려야 했다.

사랑에 관한 생각은 가부장적 담론을 통해 우리에게 전수되었다. 그 담론은 여성의 역할이란 양육자, 즉 돌보는 사람이라고 거듭 우리에게 이야기했다. 페미니즘 사상은 그것이 말도 안 되는 이야기라고 주장하며 우리를 뿌리째 흔들어놓았다. 기존의 담론들은 사랑에 관한 담론이 아니라 지배 이데올로기에 불과하다는 것이었다. 남성들은 사랑이라는 관념을 받아들인 뒤 자신들의 목적에 맞게 개조했다. 급진적 페미니즘은 단지 여성에게 사랑이라는 관념을 재점

검하라고 요구했을 뿐 아니라 사랑 자체를 잊어버리라고 부추겼다.

급진적 페미니즘을 받아들일 당시 나는 남은 생애를 함께 보내려 했던 남자와 교제 중이었다. 나는 사랑에 빠진 내 모습을 상상해본 적이 없었다. 자유로운 여자들은 결코 '사랑에 빠지지' 않았다. 우리는 사랑을 **선택**했고 그건 사랑에 **빠지는** 것과는 다른 것이다. 선택이란 우리가 의지와 권력, 그리고 주체성을 행사한다는 것을 의미했다. 빠진다는 말에는 권력을 잃고 피해자가 될 가능성이 내포되어 있었다. 나는 결코 그 남자가 내가 꿈에 그리던 남자라고 생각할 수 없었다. 사실 꿈에 그리던 남자이면서 실제 삶의 동반자가 될 만한 사람의 구체적인 상 자체를 그릴 수가 없었다. 그러다 삶에 새로 들어온 페미니즘을 과신한 나는 내가 청사진을 제공하기만 한다면 그가 내 꿈의 남자가 될 수 있으리라고 상상했다. 1960년대 말에서 1970년대로 넘어가는 시기에 페미니즘과 성 해방운동에 투신한 대범하고 멋지고 야하고 예쁜 젊은 여성이었던 우리는 우리가 침대에서나 밖에서나 남성과 동등할 뿐 아니라 어쩌면 우월할 수 있음을 받아들이도록 남성들에게 요구할 수 있으며, 여성과의 관계를 포함해 여러 섹슈얼리티를 탐험하는 게 각자의 정체성에 필수적이라고 믿었다. 우리는 한 남자에게 종속되는 일부일처제에 관심이 없었다.

모든 면에서 우리의 목표는 개인의 성장이었다. 온전한 자아실현을 위해 우리는 날개를 펴 모든 곳을 날아다녀야 했다. '좋은 여자는 천국에 가고 나쁜 여자는 어디든 간다'라는 선언이 들려오기 시작했고 꼭 급진적 페미니스트만을 '나쁜' 여자라고 생각하지는 않았다. 그리고 우리는 엔토자케 샹게가 『무지개가 찬란할 때 자살을 생각했던 흑인 소녀들을 위하여』에서 선언했듯 우리 안의 신을 격렬히 사랑했다.

나와 같은 시대를 살며 이런 변화를 거쳐온 급진적인 여성이라면 누구나 새로 태어난 기분을 느꼈을 것이다. 우리는 강렬하게 살았으며, 변화에 대한 욕망은 너무나 강력하고 격렬해서 매혹적이었다. 부모들은 우리를 어떻게 다뤄야 할지 몰랐다. 주로 '남성을 위해' 존재했던 대학은 명석하고 우수한, 그러면서 섹시하기까지 한 여학생들을 어떻게 대해야 할지 몰랐다. 진정한 문화적 혁명의 시기가 시작된 것이다. 인종, 성별, 계급 간 경계가 교차하고 있었다. 우리는 이 모든 움직임을 통해 전면적인 변화가 일어나 사회정의가 실현되길 바랐다. 그리고 이 모든 변화의 중심에는 이성애적 사랑과 로맨스의 정치학에 대해 다시 생각해보겠다는 의지가 있었다.

우리 대다수에게, '물병자리 시대*의 태동'은 우리가 단순히 전쟁 대신 사랑을 요구하고 공부하는 것을 넘어 사랑의 중심에 공유와 분배의 가치를 둔다는 뜻이었다. 이에 따르면 우리 시대의 여성은 더 이상 유일한 양육자가 아니다. 남성들에게도 자신의 몫이 주어져야 한다. 남성은 더 이상 보호자, 부양자의 책임에 짓눌릴 필요가 없다. 여성도 동등한 노동력이 되어 스스로를 보호할 수 있게 될 것이다. 남성들은 스스로 원한다면 어디에도 고용되지 않은 가정주부 역할을 맡을 수 있으며, 그들의 가치는 더 이상 급료의 액수로 평가되지 않을 것이다. 재생산의 권리가 보장되고, 특히 부모의 역할은 무엇보다 선택에 의한 것이 된다. 아이들은 돌이킬 수 없는 실수 때문이 아니라 진정으로 원할 때 생길 것이다. 주州에서 허가하는 제도로서의 결혼은 불필요해지고, 법원의 명령이나 요구가 아닌 마음의 지시에 따라 결혼에 대한 헌신도나 지속력이 생겨날 것이다. 동성 간의 사랑이 존중받을 것이다. 동성애자로 태어나든 동성애자가 되든,

---

* 점성술에서 자유, 평화, 우애의 시대로 일컫는, 1960년대에 시작해서 2천 년간 지속된다는 새로운 자유의 시대.

모두 **옳은** 일일 것이다.

이런 마법과 같은 순간에 젊은이 중 일부는 실제로 이런 변화를 시도했다. 끝없는 분쟁과 갈등을 맞닥뜨려도, 그건 그저 혁명의 속성처럼 보였다. 그리고 페미니즘은 혁명을 만들어내는 중이었다. 그런데 실제 삶의 견고한 공간에 우리의 유토피아적 상상을 실현하려고 했을 때 당연하게도 모든 것은 게임처럼 즐겁지 않았고 정의가 항상 이기는 것도 아니었다. 나는 일곱 살 위의 파트너와 수업을 같이 들었는데, 그가 나보다 더 좋은 학점을 얻으면 우리는 그걸 가부장적 시스템 탓으로 생각했다. 하지만 그렇다고 그의 잘못은 아니었다. 그는 요리와 청소, 집안일 등을 기꺼이 분담했다. 그는 직장 내 여성의 권리를 옹호했고 같은 일에 대해 동등한 보수를 받아야 된다고 믿었다. 그는 나의 지적 성취를 지지했으며, 멘토 역할도 해줬다. 우리의 가장 격렬한 권력 투쟁은 침실에서 이루어졌다. 그는 여전히 여성이 남성의 요구에 '서비스를 제공'해야 한다고 믿었다. 물론 그는 서비스라는 단어보다는 '응하다respond to'라는 표현을 선호했지만 나는 서비스라는 단어를 사용해야 한다고 주장하며 내가 그의 성적 요구에 응할 의무가 없다는 점을 이해시키려했다. 그의 성기가 딱딱해져 어딘가 넣어 만족을 구하고 싶다면 스스로 장소를 찾아야 한다. 내 신체는 그의 의지에 따라 점령할 수 있는 영토가 아니기 때문이다.

다른 친구들처럼 나도 성적으로 자유로웠고 섹스를 좋아했다. 다만 페미니즘은 우리에게 스스로의 몸을 다른 누구의 영토나 소유물이 아닌 자신의 것으로 바라보게 했다. 절대로 혹은 더는 남자와 관계하지 않기를 선택한 레즈비언 여성들과 함께한 모임에서는 심문당하기도 했다. 우리는 적과 동침하는 존재였기 때문이다. 운동가 자매들은 우리가 침대에서 수동적인지 저항적인지 성적 주체성을 행사하는지 등을 알고 싶어 했다. 실제로 우리 중 남자와 잠자리를 함께하고 그들을 주요 파트너로 선택한 여자들은 침실에서 지고 있었던 것이다. 결국 남자들은 우리의 성적 자유―그룹섹스나 오럴섹스를 기꺼이 주고받고 항문성교 등의 실험을 기꺼이 할―를 반겼지만 정작 우리 몸은 그들의 점령지가 아니라는 선언에는 저항했다. 남자들은 속박 없는 공짜 섹스를 의미할 때면 여성의 성적 자유를 반겼지만 여성의 성적 주체성을 인정할 준비는 아직 되지 않았다. 성적 주체성은 우리가 섹스에 응할 권리뿐 아니라 거부할 권리를 포함하는 것이다.

이 모든 이슈는 지속적으로 논쟁거리가 되었다. 페미니

즘이 세상을 뒤흔든 이래 그것을 받아들인 여자들은 지속적으로, 비판의 경계를 늦추지 않았다. 우리는 수많은 강의와 모임에 나가 이론과 실천의 관계에 대해 토론했다. 우리는 우리 삶에 속한 남자들과 영원히 전투를 계속해야 했다. 이 전투는 성적 주제 앞에서 가장 격렬했다. 내가 원치 않을 때는 몇 달이고 섹스를 하지 않는다는 선택을 할 수 있고 그의 성적 요구를 맞춰줄 의무가 없다는 걸 이해시키려 했을 때 파트너의 얼굴에 떠오른, 절대로 믿을 수 없다는 표정을 기억한다. 비록 내가 미쳤다고, 선언 따위에 너무 심취해서 멀리 나간 거라고 생각하긴 했지만, 그는 원칙적으로 여성의 진정한 자유는 특히 남성과의 관계에서 방해 없이 성적 거부권을 행사할 수 있음을 의미한다는 내 의견에 어렵사리 동의했다. 만약 그는 섹스를 원하고 나는 원하지 않는다면, 그는 자신의 성욕을 다른 것으로 바꾸거나 자위를 하거나 다른 사람과 섹스를 해야 했다. 그는 세 번째를 택했다.

우리는 여러 사람과 자유연애를 하기로 했다. 일부일처제가 아닌 관계는 남자의 성적 노예 상태를 벗어나고자 하는 페미니스트 여성들에게 각광받았다. 언제든 다른 사람과 성적 관계를 선택할 수 있다면 누구도 여성을 '그'의 소유물로 여기지 못할 것이었다. 확실히 우리 여성들은 성욕 때문에 동의 없이 상대를 배신하는 남성의 행위에 익숙했다. 불행히도 여성이 관계에서 동일한 행동을 하려 하면 남성들의 가부장적 사고와 부딪혔다. 대개 남자들은 다른 남자가 있는 여자와 단순히 섹스를 하고 싶어 하지는 않았다. 종종 그들은 단지 상대 남자를 모욕하고 싶거나 상대 남자도 동의한다는 전제하에만 그러길 원했다. 관습은 자신의 신체를 통제하려는 여성의 권리를 허용하지 않았다. 이는 우리가 여전히 남성의 소유물임을 뜻했다. 이제 여성은 애인이나 배우자가 있는 남자와도 섹스하기를 원한다. 그리고 상대 여자의 동의를 구하지도 않는다. 우리는 성적 파트너를 선택할 남성의 권리를 인정했는데, '자유연애'를 믿는다고 고백한 남자조차도 성적 취향의 문제에서는 가부장적 소유욕을 떨쳐버리지 못했다. 남자와의 관계를 유지하고 있는 급진적 이성애자 페미니스트들은 레즈비언 자매들의 요구대로 진실을 직시할 수밖에 없었다. 남자는 결코 우리의 성적 권리를 존중하지 않을 것이며 우리를 자유롭게 해줄 정도로 사랑하지는 않는다는 진실을 말이다.

남자들도 일부는 페미니스트로 '개종'할 정도로 신경을 썼다. 그러나 아주 소수만이 우리를 완전하게 사랑했다.

완전하게 사랑한다는 건 우리의 성적 권리를 존중한다는 의미였다. 가부장적 사회에서 대부분의 남자들이 여성의 성적 거부권을 진정으로 받아들일 용의가 없다는 진실을 이성애자 여성들은 지금까지도 직면하려 하지 않는다. 바로 이 때문에 나는 사랑과 성에 대한 페미니즘 논쟁도 끝났다고 본다. 이성애자 여성 중 압도적으로 많은 수가—급진적 페미니스트조차도—상대 남성을 언짢게 하거나 사이가 멀어질까 봐 거부권을 행사하지 않으려 한다. 그래서 대부분의 남성은 굳이 반발할 필요도 없는 것이다. 여성이 이따금씩 거부권을 행사하는 건 괜찮아도, 일정 기간 이상 거부하는 것은 용납될 수 없는 일이었다.

남자와의 관계에서 여성 개개인이 거부하지 못한 이유는 언제나 다른 여자—절대 거부하지 않는 여자—가 자신의 자리를 차지할 수 있다는 두려움 때문이었다. 섹스와 사랑이 동일시되지 않는 관계를 만들기 위해서 그리고 상대가 섹스하고 싶어 하지 않을 때 다른 방법으로 성욕을 채울 수 있는 동등한 자유를 인정하기 위해서 내 파트너와 나는 일부일처제를 벗어난 관계에 동의했다. 그러나 남자들로 하여금 속았다는 기분이 들도록, 즉 자신이 진짜 여자를 만난 게 아니었다고 생각하도록 부추긴 것은 결국 여성들 쪽이었다. 진짜 여자라면 언제나 남자의 요구를 기꺼이 들어주려 기다리고 있다고 남자들이 생각하게 만들었기 때문이다. 당연히 그 여성들은 페미니즘과는 거리가 먼 사람들이다.

페미니즘이 여성들에게 사랑의 의미를 다시 생각할 수 있는 사회적 여건을 만들어주지 않았다면 누구도 남자와 이전과 다른 새로운 관계를 구축하지 못했을 것이다. 페미니즘이 주장했듯 진정한 사랑이 오직 동등한 둘 사이에서만 가능하다면, 여성을 사랑한다는 것은 남성이 그들의 가부장적 사고와 행동을 모두 버린다는 의미다. 남자들이 그 분투에 동맹을 맺고 페미니스트가 되지 않았더라면, 여성들은 지금 오늘날과 같은 권리를 갖지 못했을 것이다. 우리 모두는 성 혁명sexual revolution 덕분에 세상에 게이 남성이 많이 존재한다는 현실을 인식할 수 있었으며 또한 그걸 지지하며 껴안을 수 있었다. 단순한 이성애자의 대응항을 넘어서는 이 집단은 그 권력을 넘겨주고 성평등을 받아들이고자 했다. 다양한 성적 취향의 모든 여성과 게이 남성 간 사랑의 연대는 여성이 가부장적 이성애자 남성 외의 남성들과 관계를 유지할 수 있는 가능성을 열어줬다.

1960년대 후반과 1970년대 초반, 사랑에 관한 담론들은 변화했다. 오늘날 페미니즘은 새로운 사회적 질서를 만들고 있다. 이성애적 사랑과 로맨스의 정치학의 판도는 완전히 바뀌었다. 여자들은 이제 더는 유일한 양육자로 강요당하지 않아도 된다는, 상호적 관계에 대한 비전을 가지고 있다. 충분히 자신의 창의성을 탐구하고 스스로의 내면을 발전시키기를 바라는 우리는 더 이상 괴짜로 여겨지지 않아도 된다. 우리는 교수나 주부가 될 수 있고 작가가 될 수도 독자가 될 수도 있다. 페미니즘은 우리에게 선택지를 주었다. 이제 사랑의 문제가 관건이다. 새로운 담론을 받아들여 이제까지와는 다른 방식으로 사랑해야 한다. 우리는 일터에서 혹은 심지어 침실에서도 여성이 남성과 동등할 수 있을지 모르나 여전히 사랑을 찾는 데는 실패했다는 생각에 고통과 공포를 느꼈다. 1970년대 말에 우리는 자유를 찾았지만, 사랑은 여전히 구하는 중이다. 우리는 새로이 탄생한 자유여성을 받아들일 수 있는 사랑을 찾고 싶었다. 이성애자이건 동성애자이건, 문란하건 순결주의자이건, 우리는 자유로운 여성으로서 자신을 사랑하는 방법을, 그리고 우리 같은 여성이 사랑받을 수 있는 문화를 만드는 방법을 고민했다. 우리는 사랑하고 사랑받을 권리를 포함할 수 있게끔 여성해방이라는 개념을 재정의할 방법을 찾아내야 했다.

4장 일과 사랑 사이의 2교대?

15년 가까이 이어온 관계를 끝내고 나는 사랑을 탐색하기 위해 나섰다. 내가 열아홉 살 때 시작된 그 사실혼 관계는 30대 중반에 끝났다. 파트너와 나는 1960년대 후반과 1970년대에 우리가 세상에 선언처럼 외쳤던 상호관계나 동등성, 공정성, 공평성의 비전을 온전히 실감할 수 없었다. 우리는 더 이상 대학생이 아니었다. 급진적인 대학생 사상가들은 극히 예외적이었던 진보적인 분위기의 캠퍼스를 떠나며 크게 영향을 받았다. 백인 우월주의, 자본주의, 가부장제가 작동하는 직업 세계를 갑자기 마주하게 된 우리 중 다수는 의기양양했던 문화적 혁명기의 자유사상에서 멀어져 타협하고 순응하기 시작했다. 점점 더 주변 모두가 보수적으로 변해갔다.

경제력의 변화와 맞물린 전투적 페미니즘은 노동의 성격을 바꾸었다. 페미니즘에 찬성하건 않건 점점 가정 밖에서 일하는 여성들을 지지하는 남성이 늘어나고 있음이 여러 조사를 통해 증명되었다. 여성이 새로이 경제력과 자유를 가지게 되면서 운동은 힘을 잃어갔다. 집 밖에서 페미니즘의 성공은 쉽게 인정됐지만 집 안에서의 일들은 천천히 그리고 계속해서 전통적인 방식으로 되돌아왔다. 1980년대에 들어서자 곧 모든 페미니스트를 실망과 좌절로 몰아넣은 사실이 드러났다. 사회학자 앨리 러셀 혹실드가 "2교대the second shift"라고 이름 붙였듯 여성들은 점점 바깥일을 하면서 여전히 집 안에서도 아이 양육과 요리, 청소 등의 가사를 거의 모두 수행하고 있었던 것이다. 결국 바깥에서의 혁명보다 집 안에서의 혁명이 더 어려웠던 것이다. 가정에서 여성이 남편과 자식에게 뿌리 깊은 버릇을 바꾸라고 설득하기란 쉽지 않은 일이었다.

내 여동생 한 명이 학교로 돌아가 학위 과정을 마치고 대학원에 진학하기로 결심했을 때 제부와 조카들이 보인 적의와 분노를 나는 지금도 기억한다. 제부는 자동차 공장에서 일했고, 가장으로서 충분한 돈을 번다고 생각하고 있었다. 그러나 내 동생은 다른 여성들과 마찬가지로 자신이 가정에 함몰되고 고립되어 있다고 느꼈다. 아이들이 자라 집을 떠나자 그녀는 집 밖의 세계를 모르는 사람이 되었고, 자연히 우울감이 찾아왔다. 그녀는 자신이 딸에게 안 좋은 선례를 남길까 봐 두려웠다. 다시 학생이 되고 바깥에서 일한다는 건 그녀에게 새로운 삶의 의욕을 주었고, 또 그녀가 더는 모두를 위해 요리하고 청소하기 위해 존재하지 않음을 뜻했다. 처음에 가족들은 분개했다. 그녀는 굴복하지 않았지만 정신적으로 심하게 괴로웠다. 가족에게서 정서적 소외감을 느꼈을 뿐 아니라 그들에게 피해를 입힐까 봐 두려웠던 것이다. 일을 시작한 뒤로부터는 신경질적이지도 우울해하지도 않는 엄마의 모습을 보면서 가족들은 차츰 적응했고 가정생활의 질이 향상되었음을 알게 되었지만, 꽤 오랫동안 비협조적이었다.

가부장적 가정의 보통 여성이 생각을 바꾸고 자신의 삶에 페미니즘적 사고를 도입할 때 실제로 어떤 일들이 일어나는지 보여주는 기록은 거의 없다. 이 말해지지 않은 이야기는 페미니즘이 가족을 바꿀 수 있는 방법에 대한 구체적인 가이드라인을 제시하는 데 실패했음을 알려준다. 홀로 감당해야 하는 상황에서 많은 이가 포기했고 항복했으며 패배감과 우울감을 맛봐야 했다.

직장에서 성취할 수 있었던 성공을 가정에서는 이룰 수 없다는 사실은 여성들에게 다른 종류의 분노를 샀고 그 배신감은 페미니즘을 향했다. 1980년대 중반 한 여성의 말을 빌리면 '페미니즘 때문에 인생이 완전히 망했다'는 것이다. 오랫동안 결혼을 유지한 이 여성은 평등에 대한 비전을 믿었기에 남편보다 훨씬 벌이가 적은데도 의존하지 않고 살았다. 하지만 결국 그녀가 깨달은 건 자신의 동등함을 증명할 길이 없다는 것이었다. 자기 소유의 집도, 이렇다 할 소득도 없는 것이다. 가정 밖에서 일하는 것이 집안일만큼 고되다는 점을 여성들이 숙지했다면, 직업을 가지는 것이 대단한 독립과 자율성을 가져다주며 자부심과 추가 수입의 가능성을 높여준다는 것은 모두가 수긍하는 사실이다. 그러나 소득이 높은 여성들만이 실질적으로 일을 통해 자율성을 획득한다. 요리와 가사, 육아 등을 도와줄 인력을 고용할 수 있는 그들은 가정으로 돌아와 '2교대' 일을 하지 않아도 된다. 저소득 여성은 자신들의 변화로 인해 가장 큰 이익을 보는 것이 상대 배우자임을 알게 되었다. 그는 경제적 부담과 책임감을 덜 수 있다. 종종 밖에서 일하는 여자들은 죄책감을 느낀 나머지 '완벽한' 가정을 만들기 위해 더욱 무리해서 일했다. 여자가 바깥일을 한다고 해서 그들이 더 이상 남자에게 의존하지 않아도 되는 건 아니었다. 많은 경우 가정을 유지하기 위한 비용은 여성의 봉급에서 충당되었고, 남성은 그만큼 돈을 아낄 수 있었다. 그럼으로써 여성에게 생긴 경제력이 남성의 영향력에서 벗어날 수 있는 실제적인 자유와 힘으로 변환될 가능성은 사라졌고, 평등은 깨질 수밖에 없었다. 일터에서 여성을 위한 여러 가지 기회의 수혜자는 많은 경우 독신 여성이었다. 남편이나 가족이 있는 여성들은 일을 시작한 후 삶이 더 어렵고 힘들어졌다. 따라서 일터가 자유를 향한 길인 것처럼 주장했던 페미니즘에 배신감을 느끼게 된 것이다. 그들의 비판은 타당했다.

그들은 분노를 주로 페미니즘 쪽으로 돌렸지만 때로는 분노가 남편과 가족을 향하기도 했다. 많은 여성이 가족 중 남성의 충실한 지원이나 용인 없이 일터로 뛰어든 만큼 가정은 전보다 더 긴장과 불화의 장소가 되었다. 많은 여성이 일터로 뛰어들면서 새롭게 심리적 독립을 맞고 있었는데, 이 것은 여성들이 사랑을 더욱 갈구하게 만드는 토대가 되었다. 가정을 유지하기 위한 경제적 책임을 동등하게 나눔으로써 여성은 남성에게 정서적으로 더 요구할 수 있게 되었다. 여성들이 바깥으로 대거 진출하기 이전에 남성들은 종종 바깥일에 에너지를 너무 많이 소진해 집으로 돌아오면 정서적으로 베풀 것이 없다고 주장하곤 했다. 이제 여성들도 일을 하고, 대부분은 2교대로 집안일도 하는데, 여전히 사랑을 베푸는 존재이기를 요구받는다. 많은 여성이 일과 사랑 사이에서 균형을 잡고 양쪽 모두를 잘 수행하면서 남성에게 정서적으로 더 많은 것을 기대하게 되었다. 이성애 로맨스의 영역에서, 우리는 서로의 교감에 기반을 두고 사랑을 주고받기를 원하게 되었다.

결국 남자들에게는 일터에서 여자에게 양보하거나 집안일을 어느 정도 분담하거나 양육을 조금 더 맡는 것보다도 정서적으로 베푸는 일이 훨씬 어려웠다. 나는 당시 파트너에게 더 많은 정서적 교감을 원했는데, 그건 그가 정서적으로 더 줄 것이 없다는 현실을, 지금은 알고 있는 현실을 몰랐기 때문이었다. 마치 기계가 작동을 중지하듯 그는 정서적으로 멈췄다. 우리는 법적으로 혼인 관계를 유지한 기간보다 훨씬 더 오래 함께했으며, 사람들은 우리가 누구보다도 가까이서 서로를 아끼며 건설적이고 동등한 파트너십을 유지하고 있다고 여겼다. 우리는 함께 심리치료를 받고 관계를 살려보려 애를 썼지만 슬프게도 사랑은 지속되지 못했다. 현실적으로 그가 진정한 사랑을 줄 수 있는 정서적 여유를 찾는 심리적 작업은 수년이 걸리는 것이었고, 그는 그 작업을 원치 않았다. 다른 남자들처럼 그는 전통적으로 구분된 남녀의 성역할 경계 안에서 최선을 다하면서 페미니즘과 뉴에이지의 영향을 반영해 가사와 양육을 조금 분담했을 뿐이다. 나는 내가 그보다 정신적으로 우월하다고 말하려는 것이 아니다. 나는 정서적으로 결핍되어 있었지만, 치료와 다른 것들을 포함해 사랑에 관해 더 많이 노력했다.

파트너와의 관계를 떠나고 싶다는 내 욕망이 가장 강렬했던 1985년, 로빈 노우드의 『너무 사랑하는 여자들』이 출간되어 세상을 떠들썩하게 했다. 페미니즘 진영은 그간 이성애적 사랑과 로맨스에 대한 관습적 사고방식에 대해 혹독하게 비판해왔지만, 가부장적 문화 속에서 지속적이고 즐거운 관계를 만드는 법을 밝혀주는 사랑에 관한 책은 많지 않았고 새로운 이론 개발도 장려되지 않았다. 다양한 성적 취향을 지닌 많은 여성이 사랑에서 겪는 불행을 신고하면, (대부분 페미니즘과 관계없는) 자기계발서들은 어쨌거나 방향을 안내해주었다. 묘하게도 페미니즘이 가만히 있는 동안 여성의 자유에 대해 거의 언급하지 않는, 혹여 언급된다고 해도 대부분 부정적인 맥락일 뿐인 자기계발서의 독자층은 두터워져갔다.

노우드의 책은 한편으로는 여성들이 사랑에 너무 관심이 많다는 페미니즘적인 비판을 전유하고 반복했으며, 다른 한편으로는 단호하게 반페미니즘적 태도로 사랑을 성취하지 못한 책임을 여성에게 돌리며 비난했다. 노우드의 책에는 가부장제나 남성 지배에 대한 그 어떤 논의도 없었다. 정서적 성장을 끌어안는 데 실패한 남성들에게는 아무런 책임도 묻지 않았다. 기뻐하고 달래주길 바라는 여성의 욕망에 대한 남성의 저항이나 다른 형태로 자리 잡은 공포에 관한 논의도 없었다. 남성 지배에 대한 어떤 비판도, 가부장제에 대한 어떤 비판적인 언급도 그 책에는 없었다.

노우드는 긍정적인 자세로 여성이 문제를 표현하는 새로운 방식을 제안했다. '상호의존'이나 '권능 부여'와 같은 용어는 정서적으로 닫혀 있는 배우자에게서 정서적 반응과 감정을 끌어내려 승산 없이 노력하는 여성들에게 얼마간 유용한 방법을 제시해주었다. 그러나 노우드는 문제를 고쳐보려는 여성에게 모든 책임을 전가했다.

기본적으로 노우드의 책은 과거의 각본을 개정한 수준이다. 그의 책은 여성에게 사랑을 주는 역할을 부여했던 전통적 젠더 담론과 마찬가지로 여전히 여성의 역할을 한정하며 자신보다 타인을 위하는 희생적인 양육자이자 보살펴 주는 사람으로 머무를 것을 요구했다. 동시에 그 책은 여자들에게 이제 정서적으로 그만 요구하라고 책망하는데, 그래야 속을까 봐 걱정할 필요가 없다는 논리다. 기본적으로 노우드는 덜 깨친 페미니스트처럼 여성들에게 남성들처럼 사랑을 갈망하는 감정을 억누르고 부정하며 (때로 조작을 해서라도) 필요에 맞는 유용한 전략을 취하라고 조언한다. 저자가 말한 전략은 상대방의 말에 "오oh"라고 반응하는 것이었다. 예를 들면 이렇다. 만약 남편이나 상대가 귀가하겠다고 한 시간 혹은 마땅한 시간에 집에 돌아오지 못했다고 치자. 불평하거나 그 행동에 대해 언급하기보단 "오"라고 말하라는 것이 그 책의 주장이었다. 이 한마디가 불안한 상황을 잠재울 수도 있다는 것이었다.

나는 이 전략을 많이 써먹었다. 효과가 있다. 당시 내 배우자는 자신의 부적절한 행동에 대해 내가 논쟁하려 하거나 책임을 추궁하는 대신 내가 그저 "오"라고 말할 때면 꽤나 기뻐했다. 가정폭력을 겪어봤거나 관련된 분야에서 일을 해본 사람이라면 누구나 알겠지만, (언어적으로든 물리적으로든 폭력적인) 갈등은 주로 여성이 논쟁을 시작할 때 일어났다. 많은 경우 수동적인 대응은 그런 갈등을 예방할 수 있었다. 그러나 효과적으로 평화를 지키고 가정의 분위기를 바꾸기 위해 그런 전략을 쓰려고 해도 때로는 그렇게 했다는 이유로 맞기도 했다. 물론 이렇게 학대당하는 여성들에게 노우드는 관계를 떠나라고 조언한다. 그러나 경제적으로 자립하지 못한 여성이 '너무 많이 사랑하는' 데 쓴 에너지를 관계에서 도망치는 데 쓸 수 있는 방법에 대해서는 현실적인 대책을 알려주지 않는다.

이렇듯 기본적으로 반페미니즘적이라는 단점이 있지만, 많은 여성이 『너무 사랑하는 여자들』을 통해 종속된 관계에서 벗어나는 데 도움을 받았다고 여겼다. 불행히도 그건 사랑을 향한 여성의 관심과 우려를 잠재우는 방향이었다. 특히 가부장제 안에서 남성과의 친밀감을 원하는 여성들에게 사랑의 유대를 일구는 방법에 관한 진보적인 통찰을 제공하지 못했기 때문에, 실재하는 문제에는 개입하지 않았다고 할 수 있다. 확실히 이 책은 어떤 방식으로든 남성들이 사랑이라는 문제에서 자신의 역할에 대해 생각하도록 격려하지 않았다. 노우드의 책이 선풍적인 인기를 끌면서 여성이 공식적으로 사랑에 대해 신경 쓴다는 것은 금기시된 측면이 있다. 그에 따라 여자들은 사랑 문제 때문에 계속해서 개인적으로 고통스러워했고 말이다.

거의 다 페미니스트인 내 여자 친구들과 나는 수년간 모임을 가지며 페미니즘 시대의 관계의 속성과 사랑의 의미에 대해 친밀한 방식으로 끝없이 토론해왔다. 남자와 정서적이고 낭만적인 관계를 유지하고 있는 친구들은 일상적 지침이 될 만한 청사진을 제시하는 데 누구보다 집착했다. 가부장제의 권력에 굴하지 않고 사랑을 찾고 지키고 만들어나가는 방법을 알고 싶었던 우리는 이미 곁에 있는 남성 파트너와의 유대를 강화하고자 했던 것이다. 동시에 레즈비언들은 가부장적 사고가 동성 간 유대에 끼치는 영향에 주의를 환기시켰다. 예컨대 많은 이가 레즈비언 관계 내의 권력투쟁이 이성애자나 양성애자들이 겪는 것과 다르지 않다고 느꼈다. 이성애자 여성들과 마찬가지로 레즈비언들도 노우드의 책을 읽고 열광했던 것이다.

파트너와 나의 관계는 열아홉 살 때 시작되었다. 결혼은 하지 않았지만 나는 '죽음이 우릴 갈라놓을 때까지' 관계가 지속되리라 믿었다. 그런 관계를 떠난다는 건 생명의 위협과도 같았지만 관계를 지속하는 것 역시 위험하게 느껴졌다. 중년에 들어서면서 나는 그 관계를 끝냈다. 내가 아직 진짜 사랑을 모른다는 생각이 들었기 때문이다. 그리고 엄마처럼 평생 사랑받지 못하는 느낌이 드는 관계를 지속하다가 인생을 끝내고 싶지 않았기 때문이다. 그리고 나는 혼자가 아니었다.

노우드의 책이 나오고 2년 후 성 연구자 셰어 하이트는 『여성과 사랑』이라는 두툼한 책을 출간했다. 사랑에 관한 여자들의 태도를 정확하고 현실적으로 관찰한 보고서인 이 책은 여자들 대부분이 '너무' 사랑하는 것과는 거리가 멀며, 오히려 사랑에 냉소적이라는 사실을 보여주었다. 저자에 따르면 압도적으로 많은 수의 여성이 남자와의 관계에서 사랑을 느끼지 못한다고 증언했다. "우리 사회에서 한 개인이 자라 사랑에 빠지고 결혼하면서 얼마나 적은 수의 여성이 남편을 '사랑하고 있다'고 말하는지, 그 사실이 얼마나 당연하게 여겨지는지를 생각하면 놀랍다." '바로 지금 이 시대에 남자를 사랑한다는 것'이라는 섹션에서 저자는 남성과 관계 맺고 있는 여자들이 사랑을 찾을 희망을 포기하고 그 대신 동맹과 보살핌이 주는 혜택과 즐거움을 받아들인 현실을 기록했다. 요컨대 그들은 노우드의 제안을 따르기 시작한 것이다. 그들은 남자들이 정서적으로 성장해 더 사랑을 주는 존재가 되리라는 기대를 포기했다. 그들은 사랑하려는 스스로의 의지를 억압했다. 부정하고 억압함으로써 그들은 삶을 더 견딜 만한 것으로, 관계를 더 만족스러운 것으로 만들었다.

1980년대 말이 되자 많은 여성과 남성은 페미니즘이 가장 중요한 목표를 달성했다고 느꼈다. 사회적 성평등과 자유를 향한 멋진 진전이 정말로 일어난 것이다. 가정 밖 직장에서의 세계는 완전히 바뀌었다. 여성은 직업 세계의 주요한 구성원이 되었고, 대부분의 여성이 집 안에 머물던 시대로 후퇴하려 하지 않았다. 가정에서의 삶도 바뀌었다. 가사 영역에서의 평등은 아직 이루어지지 않았지만, 대부분의 남성이 과거에 비해 가정을 유지하는 데 더 기여하기 시작했다. 이혼이 전면적으로 허용되면서 많은 여성들이 불행한 결혼 생활을 끝낼 수 있었다. 남성보다는 여성이 더 먼저 이혼을 원했는데, 단지 헤어지고 싶어서가 아니라 남성의 폭력과 모진 행동에 대한 응답, 즉 생존을 위한 결정인 경우가 많았다. 여성들은 점점 더 벽장 밖으로 나와 레즈비언 관계가 다른 선택지만큼이나 의미 있을 수 있다는 현실을 증명했다. 성생활 면에서 줄곧 이성애자로 살았던 많은 여성이 오직 여성과만 관계 맺기를 선택하고 있었다. 하이트가 기록했듯, 결혼을 했거나 남성과의 관계를 이어오며 마흔이 넘은 여성들은 이성애적 관계에서 일정 정도 이상의 기쁨을 찾기란 불가능했다고 말한다. 또한 성적 취향을 막론하고 점점 더 많은 여성이 혼자 살기를 택하고 있었다.

승리와 성취의 기쁨이 채 가시기도 전에, 사랑의 의미에 대한 모든 페미니즘 담론은 실질적으로 멈추었다. 하이트는 『여성과 사랑』의 도입부에서 "여성들은 남성과 맺는 사랑의 관계에서 크나큰 고통에 시달린다"라고 선언한 뒤, 몇 쪽 뒤의 서문에서 이렇게 적는다. "나는 사랑이 여성의 삶의 전부는 아닐지라도 엄연히 그 중심에 있기에 위험 부담이 크다고 생각해왔다. 그렇기 때문에 페미니스트라면 많은 에너지를 할애해 그것에 관해 독창적으로 이야기해야 하는 것이다." 이것은 매우 강력한 통찰이었고, 여전히 유효하다. 하이트는 성별을 불문하고 페미니즘 사상가들이 사랑에 관한 연구를 성실히 수행해 구체적인 제언과 함께 새로운 통찰을 제시해야 한다고 주장했다. 그러나 그런 이야기는 여태 만들어진 적이 없다.

사랑에 대한 우리의 지속적인 갈망은 그것이 자아실현을 추구하는 강력한 페미니즘의 여성 이미지를 약화시킬지 모른다는 우려 때문에 온전히 발화되지 못했다. 지속 가능한 사랑에 대한 탁월한 비전이 없다면 우리 문화는 예전의 이야기들을 계속해서 수정하는 수밖에 없다. 부인하기만 해서는 결코 지속 가능한 힘을 지닌 환경을 만들 수 없다. 비극적이게도 우리는 사랑에 침묵함으로써 사랑에 대한 반동 세력에 더욱 힘을 실어주었다. 1990년대가 시작되면서 '사랑이 무슨 소용이냐'라는 생각이 널리 퍼진 것이다. 사랑을 향한 갈망은 말해져서는 안 되며 비밀에 부쳐져야 했다. 즉 그런 소망에 대해 말한다는 것은 부끄러움을 감수해야 하는 일이었다. 사랑을 아는 자들은 그 기쁨을 은밀히 간직했고, 사랑을 모르는 자들은 침묵 속에서 고통스러워했다. 어떤 페미니스트 여성도 자신이 사랑을 찾고 있다고 크게 외치지 못했다. 우리 모두는 직장과 경력, 돈이 사랑보다 중요한 것처럼 행동해야 했다. 그에 따른 실망감을 이야기할 공간은 없었다. 여자들은 일을 통해 온전한 성취감을 느끼지 못한다거나 친밀한 사적 관계에서 충족감을 느끼지 못한다는 이야기를 입 밖에 꺼낼 수 없었고, 사랑 없는 삶에 대해 말하기를 두려워했다. 공식적으로 대부분의 여성은 사랑보다 권력이 더 중요한 것처럼 행동했다. 사랑을 다시 어젠다로 옮겨오려면, 일과 사랑 사이의 균형이 필요하다고 주장하려면 여성은 스스로의 거짓을 벗어야만 한다.

5장 권력을 얻고 나는 쓰네

　　권력보다 사랑을 얻는 것이 더 어렵다는 사실을 알게 된 페미니스트 여성들은 사랑에 대해 이야기하기를 그만뒀다. 남자들, 그리고 가부장적 여성들은 우리에게 사랑보다는 직업과 힘, 돈을 쥐여주려 했다. 우리 역시 대부분 돈이 필요했다. 여성의 수입이 이혼 후 얼마나 급락하는지를 보여주는 통계자료가 쏟아져 나오는 마당에, 나는 오랫동안 함께 지낸 동반자를 떠나기 전 내 경제적 상황에 대해 정확히 따져보고 싶었다. 그는 나보다 나이도 많고 경제적으로도 안정되어 있었다. 전통적 성차별주의자들의 낭만적 믿음에 따르면 경제적으로 안정된 연상의 남성은 선호 대상이었다. 페미니즘은 모든 방면에서 그들이 여성에게 혜택을 주지 못함을 증명했다. 우리는 사회에서 자리 잡은 연상의 남성, 심지어 가장 자애로운 가장들이 예외 없이 자신보다 사회적으로 불안정한 여성에게 권력을 행사하는 것을 자주 보았다. 페미니즘은 여성들에게 예컨대 의사와 결혼하기보다는 그 자신이 의사가 되라고 격려했다. 그러고 나서 다른 의사와 결혼하는 것은 좋다. 그러면 둘 사이의 권력은 동등할 것이기 때문이다.

내 경우, 상대는 나보다 나이 많은 대학원생이었고 나는 학부생이었다. 그가 졸업논문을 쓸 때 나는 전화국에서 일했다. 그럼에도 그가 대출과 장학금으로 얻는 수입이 나보다 높았다. 내가 박사학위를 받기 전에 강의를 세 과목 맡고 있었을 때, 똑같이 세 과목을 가르치던 그의 수입은 나보다 세 배는 높았다. 우리 둘 다 내가 학계에 남는 게 바람직하지 않다는 것을 알고 있었지만, 그는 내가 대학원에 남을 수 있도록 지원해줬다. 나는 다른 사람들의 규칙에 따르지 않았다. 평생 나는 가부장적 권위에 굴복할 수가 없었다. 이 나라의 다른 모든 단체가 그렇듯, 학회는 남성지배적이었다. 남자인 내 파트너는 학계에서 미래가 촉망된다며 끊임없이 교수들의 격려를 받았지만, 나는 '품행이 방정하지 못하다'는 말을 들었다.

공부하는 우리 둘을 둘러싼 주변의 상황은 서로 달랐지만, 나는 자립하고 싶었다. 삶을 스스로 책임져야 한다는 페미니즘적 교육을 받은 여성들이 대개 그랬듯 나는 내 몫의 생활비를 전적으로 내가 지불해야 한다고 생각했다. 물론 앎과 삶을 일치시키기란 어려운 일이었다. 때로 나는 동등하게 비용을 지불하기 위해 추가 노동을 해야 했고, 파트너는 이에 진심으로 미안해했다. 나는 그보다 훨씬 고되게 일을 해야 했고, 내 몫의 생활비를 내고 나면 남는 것이 없었다. 반면 그는 자기 몫으로 낼 생활비보다 훨씬 수입이 많았기에 절반을 내고 나서도 여전히 여유로웠다. 관계가 지속되는 내내 그는 내게 경제적으로 지원해주려 했다. 그는 결코 내가 일을 해야 한다고 여기지 않았다. 하지만 어린 시절 내가 본 어머니는 바깥일을 하지 않았고, 아버지가 그녀의 삶을 좌우하는 데 그 점이 얼마나 많은 영향을 미쳤는지 나는 봐왔다. 솔직히 말해, 나는 어떤 남자에게도 경제적으로 의지할 만큼 신뢰가 가지 않았다. 그럼에도 우리의 경제력 차이 앞에서 평등은 실현 불가능하다는 사실은 곧 드러났다.

돈 문제로 계속 싸우며 몇 년을 보낸 후에 우리는 동등함보다 공정함을 우선시해 재정 원칙을 세우기로 했다. '공정함'이란 그야말로 '정당하거나 바른 것'을 의미했다. 각자가 봉급을 벌기 위해 소비하는 시간 대비 수입의 차이를 따져본 후, 그가 생활비의 3분의 2를, 내가 3분의 1을 부담하기로 했다. 그렇게 생활비가 해결되었다. 그의 여분의 수입은 그의 계좌로, 내 몫은 내 계좌로 넣었다. 같이 산 지 7년 만에 이 계획을 실행에 옮긴 후 돈에 관한 다툼은 많이 줄었다.

몇 년 후 이 사람과의 관계를 떠날 때가 되었을 때 나는 마치 퇴직에 대비하듯 계획을 짰다. 이전에 잠시 따로 살게 되었을 때도 부딪혀봤듯이 가장 큰 문제는 주거의 어려움이었다. 몇 주간 페미니스트 친구들과 지내면서 나는 수많은 여성을 만났다. 갈등과 불행에서 벗어날 생각으로 오랜 기간 유지했던 관계를 떠난 뒤 혼자 생활을 꾸려갈 현실적 준비가 되지 않았음을 깨달은 이들이었다. 그중 많은 경우는 재정 문제에 그다지 관심을 가져본 적이 없었다. 그들은 몽유병자처럼 정신없는 와중에 관계를 떠나고 난 뒤에야 자신이 돈이 중요한 물질적 세계에 살고 있다는 걸 뒤늦게 깨닫게 되었다. 삶은 혹독했다. 일부는 몇 년간 싱글로 지낸 후에도 전남편에 대한 분노와 적의로 가득했다. 많은 경우는 페미니스트들도 지지한 바 있는 '무과실 이혼'이란 것에 속았다. 일하지 않고 오랜 기간 결혼 생활을 한 여성들은 이혼 후 경제적으로 곤경에 처한다는 것을 뒤늦게 깨달았다. 그들은 정신적으로 상처받았을 뿐 아니라 여전히 결혼 생활을 그만둔 데 대한 대가를 치르고 있다고 여겼다. 그들은 극빈층이었다. 장시간 일하고도 생계비를 겨우 벌까 말까 했고 지낼 곳을 찾는 데도 어려움을 겪었다. 불만족스러운 일은 끝없이 이어졌다. 그리고 그들 모두는 '가부장제 규칙'을 따르고 싶어 했다. 그들의 말을 들으면서, 나는 내가 재정적으로도 정서적으로도 싱글이 될 준비가 되지 않았음을 깨달았다.

독립을 위해서는 학위를 끝내고 직장을 구하는 것이 최선의 방법임을 깨달으며 나는 집으로 돌아왔다. 아이러니하게도 이 기간 동안 관계는 순탄했다. 그렇지만 학위 과정을 끝내고 직장을 구하기 시작하자 인생은 더 복잡해졌다. 내가 집에서 멀리 떨어진 곳에 있는 아이비리그의 명문대 자리를 제안받자 다시 논쟁이 시작됐다. 내 파트너는 1년의 무급 휴가를 내고 나와 함께 살고 싶은지 확신하지 못했다. 이전까지는 그가 어떤 도시로 직장을 옮기든 나는 그를 따라갔다. 이제 자기가 따라올 차례가 되자 그는 주저했고, 나는 배신감을 느꼈다. 이때 나는 정말로 그를 떠날 시간이 되었다고 결정했다.

관계의 상실 이후 감정적으로 회복하는 데는 내가 완전히 경제적으로 자립하는 데 쏟은 시간보다 몇 년이 더 걸렸다. 하지만 만약 경제적 문제를 실질적으로 해결하지 않았더라면 나는 결코 회복할 수 없었을 것이다. 중년이 되어서야 10년도 넘게 지속했던 관계를 떠난 다른 여성들이 그랬듯, 나는 지금까지도 분노와 비통함에 빠져 있었을 것이다. 남자들은 흔히 관계를 끝내려는 상대 여자에게 물질적 혜택을 무기로 삼기 때문이다. 관계가 오래될수록 공유재산의 처분에 관한 분쟁은 격심하다. 나는 운이 좋았다. 나와 내 파트너는 재산 분배에 공평하고 공정했기에 사소한 분쟁은 있었지만 해결이 어렵지는 않았다.

여성들은 중년이 되어 처음으로 완전한 경제적 독립의 필요성을 마주하며 사랑보다 재정적 문제에 불가피하게 신경 쓰게 된다. 그런데 의미심장하게도, 여성들은 경제적 문제가 사랑보다 이야기하기 쉽다고 느꼈다. 우리는 남성과의 관계에서 사랑이 흔치 않다는 현실을 이야기할 언어를 가지고 있지 않았다. 페미니스트인 우리가 사랑한 남자들은 불평등에 관해 인식하고 있다고 주장하는 존재들이었다. 대개 이 남성들은 인종차별이나 계급 착취의 문제에 관해서는 자신들의 노선을 분명히 했다. 그들도 말로는 여성의 인권을 위한 투쟁을 격려했다. 그러나 페미니즘 혁명에 대해 우리가 이야기하기 시작하고 평등한 권리를 넘어 남성성의 개념이 재구성되어야 한다고 주장하며 문화 전반적인 변화를 요구하기 시작하면 그들은 대개 진심으로 우리 편이 되어주지 않았다. 우리 대부분에게 이 같은 연대의 실패는 가장 친밀한 관계에서 가장 선명하고 고통스럽게 일어났다. 남성 동지들은 특히 섹슈얼리티에 대한 생각과 여성이 자신들의 요구를 만족시키기 위해 존재한다는 성차별적 사고를 바꾸고 싶어 하지 않았는데, 가부장제가 자신들에게 부여한 특권을 포기하고 싶지 않다는 뜻이었다. 성차별적 사회화를 정당히 대면하기를 거부하고 정서적·정신적으로 성장하지 않기를 선택한 것은 또 다른 배신이었다.

남성들이 페미니즘 혁명을 진정으로 포용하지 않으려 한다는 건, 그들이 우리에게 사랑을 줄 수 있는 정서적 위치에 있지 않다는 뜻이다. 현실을 마주한 우리는 마음이 아팠다. 공정하지 않은 사랑은 있을 수 없다. 결국 진보적인 남성들도 공적·사적 영역에서 여성들과의 공정한 관계를 원하지 않는다면 그들과의 소통 역시 진정한 정치적 연대라고 볼 수 없다. 페미니즘 운동가 중 오직 레즈비언 분리주의자들만이 이런 배신에 대해 폭로할 용기를 갖고 있었다. 그런데도 남성을 향한 레즈비언들의 비판은 종종 성적 경쟁과 유혹(여자들이 모두 자신들에게 오길 원한다는)으로 일축되거나 남성 혐오의 또 다른 예로 묘사될 뿐이었다.

상처받은 이성애자 페미니스트들은 남성들이 성적 영역에서만은 여성의 권리를 동등하게 지지하지 않는다는 걸 공식적으로 인정하고 싶어 하지 않았다. 성공적인 페미니즘 혁명을 위해서 남성들을 페미니즘적 사고와 실천으로 개종시키는 데 실패했다는 선언이었기 때문이다. 남성 동지를 빼고 온전한 페미니즘 문화로의 변혁이 가능하다면, 그것은 여성이 남성과의 관계에 대한 욕망을 버릴 경우에 한해서다. 그럴 경우에는 성적 영역에 대한 관심과 인식이 부족하고 호혜에 인색한 남성들은 문젯거리가 되지 않았다.

이성애자 남성이 성적 영역에서 여성에 대해 가지는 권력에 집착하는 현실에 정서적으로 압도된 페미니스트 여성들은 그냥 관심을 꺼버리려 했다. 남자들을 페미니즘적 사고와 관습으로 완전히 전향시키지 못한 이유를 굳이 연구하고 싶지 않았던 것이다. 우리는 페미니즘적 요구가 타협의 대상이 되었다는 사실, 그래서 우리 중 많은 이가 공적 영역에서의 평등과 권력에 안주해 가정, 특히 침실에서의 성차별적 역할에 순응했다는 사실을 떠벌리고 싶지 않았다. 나는 여기서 주부가 되어 아이를 기르고, 동등한 일에 대해 동등한 임금을 주장하고, 집안일을 분담 혹은 전담하고자 한 많은 남자들조차 그들의 성적 습관을 바꾸려 하지는 않았다는 사실을 다시금 강조하고 싶다.

실질적으로 여성해방과 성 해방이 교차하는 지점은 남성이 페미니즘을 더 매력적으로 느끼게 만들었다. 피임약의 발명과 대량생산은 여성의 신체에 성적 자유를 부여했지만 이들에게 정신적 자유를 준 것은 페미니즘이었다. 여성들은 성적 주체성을 요구함으로써 자신의 성욕을 만족시키고자 하는 것을 혁명적 투쟁의 일부로 여길 수 있었다. 여성들은 자신이 원할 경우에 한해서만 오럴섹스를 해도 되었다. 그들은 존중받지 못할 것에 대한 걱정 없이 성적으로 방종해질 수 있는 자유를 얻었다. 그리고 성적 두려움 혹은 불감증이라는 감옥에서 해방된 여성들의 움직임에 많은 이성애자 남성이 보여준 것은 환호 이상이었다.

가부장적 남성의 포르노적 상상력이 만들어낸 '똑똑한' 여성들에 관한 고정관념과 달리, 독립적인 여성은 성관계를 더 즐겼다. 이성애자 남성들은 성적으로 자유로우며 데이트 비용을 분담하기까지 하는 페미니스트 여성과의 만남에 황홀해했다. 그러나 자유분방한 페미니스트들이 자신의 신체를 스스로 통제하고 원치 않을 때는 거절하자 갈등과 문제가 시작되었다. 성적 자유의 주된 목표를 남성의 욕구를 충족시키는 데 두지 않는 여성은 남성을 불편하게 했다. 거절할 수 있는 권리를 행사하자, 다른 경우에는 우리 편이 되어주던 남성들은 쉽게 접근 가능한 성적 만족의 경로가 차단될까 걱정했다. 예컨대 이런 것이다. 단 한 명의 페미니스트 남성도 자신이 좋아하는 펠라티오를 해주기를 거부하는 상대 여성과 어떻게 그 문제를 해결했는지에 관해 글을 쓴 적이 없다. 어쩌면 그녀는 어릴 때 성인 남성에게 입에 성기를 밀어 넣는 행위를 당해서 그 행위를 거부하는 것일 수 있다. 아니면 10대 때 처음으로 오럴섹스를 했던 상대 소년이 숨을 못 쉴 정도로 그녀의 머리를 잡아끄는 바람에 숨을 죄는 기분을 느껴서일 수도 있다. 펠라티오를 거부하는 여성을 설명할 수 있는 시나리오는 많지만 상대가 단지 자신의 욕구를 만족시키지 않는다는 사실에만 신경 쓴다면, 그가 어떻게 그녀의 현실을 긍정할 수 있겠는가?

역으로, 상대적으로 힘이 약해 성적 관계를 거부하는 남성과 결혼 생활을 오래 유지해온 강한 페미니스트 여성 역시 그런 주제에 관한 글을 쓰지 않는다. 때때로 여성들과 개인적으로 대화를 해보면 그들은 남성들의 성적 거부가 그들을 정서적으로 취약한 존재로 만들며 여성의 힘을 조정하는 양상을 인지하고 있지만, 대개 이 주제에 대해 공적으로 이야기하고 싶어 하지는 않았다. 대부분의 이성애자 여성은 우리의 남성들이 침대 안에서 만족한다면 침대 밖에서 속을 더 잘 털어놓게 될 것이며 상호적으로 돌보는 관계가 가능하리라고 믿었다. 권력과 성공을 얻은 대신 남성 파트너를 잃을 수 있다는 두려움과 그로 인해 사적으로는 남성에게 성적으로 종속당하기를 더욱 원한다는 사실을 조금이라도 말할 용기를 가진 페미니스트 여성은 얼마 되지 않았다. 페미니스트들이 말하지 못한 진실이란 남성들은 사실 침실에서 우위를 유지할 수만 있다면, 즉 상위를 담당한다면 전쟁터를 포함해 우리가 어떤 분야에서건 동등하게 된다고 해도 별 관심이 없다는 것은 아닐까? 그러나 자기보다 더 경제력 있고 강한 여성과 결혼한 남성에 대해서는 누구도 이야기하지 않는다. 레즈비언들은 늘 남자와 성적 동맹을 맺어온 이성애자 여성들이 과연 성적 영역에서도 동등한 권리를 주장했는지 의심스러워했다. 그런 의구심이 정확한 지적이라는 사실을 인정하지 않은 이유가 호모포비아 때문은 아닐까?

어쩌면 여성들이 공적으로 사랑에 대해 이야기하는 것은 성적 사도마조히즘에 대해 이야기하는 것보다 어렵고 심지어 금기시된다. 남성들에게 후자는 섹시한 것이지만 전자는 진부한 것으로 여겨지는 걸 알기 때문이다. 1990년대 들어 공적으로 성적 사도마조히즘에 대해 온갖 이야기가 오가는 와중에도 사랑에 관한 페미니즘의 통찰력 있는 담론은 거의 발견할 수 없었다. 자칭 페미니즘 사상가들은 가부장적 포르노의 상상력이 미디어를 사용하는 방식과 결탁해 여성의 성적 종속을 귀엽고 무해한 놀이로 보이게 했다. 페미니즘 투쟁의 결과로 여성들은 (출산권, 가정이나 거리, 직장에서 일어나는 성폭력에 대한 저항권, 모든 영역에서 한 번도 성공적으로 제도화된 적 없는 동일 노동 동일 임금 원칙과 같은) 여러 가지 동등한 권리를 얻어냈지만, 남성의 성적 지배가 여성의 자치권이나 독립에 전혀 위협이 되지 않는다고 설파하는 이미지들이 활개 치고 있다. 현실에서 여성에 대한 남성의 성적 지배는 (그들이 지나치게 섹스를 원하든 전혀 원치 않든 지배력을 유지한다는 점에서) 여전히 여성이 자유롭지 않으며 완전히 동등하고 평등한 관계를 쟁취하지 못했음을 상기시킨다.

페미니즘 운동의 결과로 권력과 돈을 더 가지게 된 여

성들은 이제 페미니즘 정치학과 거리를 두며 남성들의 호감을 사려고 한다. 한동안 우리를 지켜봐온 많은 남성은 이제 더 이상 페미니즘에 매력을 느끼지 못한다. 독립적인 여성과의 만남은 단지 그녀가 자신의 힘을 꺾고 스스로를 종속적인 위치에 놓을 때에만 황홀감을 선사한다. 여성은 사랑에 대해 말하기보다 섹스에 대해 말해야 더 주의를 끌 수있었다. 사랑에 대해 이야기하려면 의지와 용기의 상실, 부재 그리고 실패에 대해 말해야 했기 때문이다. 정치적으로 진보적인 남성일지라도 우리를 사랑하기보다는 성적으로 지배하기를 원한다는 사실을 대면하기란 쉽지 않았다. 인생에서 가장 중요한 남성에게 사랑받고자 했던 필사적인 노력을 강조한 회고록 『아버지, 우린 당신을 거의 몰랐어요』에서 저메인 그리어는 가부장적 남성이 정말로 여성의 행복을 위한다고 믿는 척하는 것이 여성에게 버팀목이 된다고 주장한다. 그녀는 대담하게도 다음과 같이 말했다. "여자는 언제나 남자가 자신을 사랑한다고 믿을 준비가 되어 있다. 아무리 많은 증거가 그 반대 사실을 증명한다고 해도." 남성들은 공적 권력은 내어주고 나눌 수 있어도, 사랑을 위한 정서적 양보는 하지 못한다.

만약 페미니스트들이 계속 사랑에 대해 이야기했더라

면 지배의 중심에 굳건히 자리 잡은 '사랑 없음'에 대해 말하지 않을 수 없었을 것이다. 우리는 새로 얻은 평등권, 일자리, 돈, 그리고 권력에서 더 나아가, 다른 지배 권력과 마찬가지로 가부장제 역시 남녀가 서로를 사랑할 수 있는 여건을 만드는 데 실패했음을 이야기하지 못했다. 우리는 진정한 남녀 간의 사랑은 양쪽 모두 성적 문제에서 가부장적 사고에 도전하고 바꾸려 할 때에만 가능함을 모두에게 거듭 상기시켜야 했다. 사랑에 관해 계속 이야기하기 위해 우리는 일상에서 지배와 종속을 당연한 것으로 받아들이라고 유혹하는 벽을 부수어야 한다. 우리는 모두에게, 특히 우리 삶 속의 남자들에게 거듭해서 지배와 사랑은 공존할 수 없으며 만약 한쪽이 존재한다면 다른 쪽은 존재할 수 없다고 말해야 한다. 아버지, 형제, 남성 동료 혹은 연인 들이 우리에게 계속해서 상처를 주면서도 우리를 사랑한다고 믿게 허락해서는 안 된다. 남자들은 단지 폭력적으로 행동하거나 모욕적으로 굴 때만 여성에게 상처 주는 것이 아니다. 일상에서 자유를 지켜내려는 우리의 행동을 보호하지 못할 때 그들은 우리에게 상처를 입히는 것이다.

　페미니즘이 태동할 무렵에 자란 여성들은 사랑에 대해 가장 냉소적이고 권력에 가장 매혹을 느끼는 집단에 속한다. 이제 30대 후반에서 40대에 걸친 이 집단은 재산과 명성을 얻으면서 전례 없는 권력을 얻었다. 이 여성들은 사랑을 찾기보다는 물질적 자산을 얻기가 더 쉽다는 것을 안다. 워첼은 『비치』의 서문에서 이렇게 한탄한다. "우리 중 누구도 사랑에 능숙하지 않다. 우리는 점점 더 사랑을 두려워한다. 사랑을 시작하는 방법을 모르는 우리의 선택은 늘 사랑이 가망 없고 소용없다는 생각만 강화시켰다." 우리는 진실로 남녀 모두 사랑보다 권력을 갈망하는 시대에 살고 있다. 권력을 향한 갈망은 말할 수 있지만 사랑을 향한 갈망은 비밀에 부쳐야 한다. 그런 갈망을 소리 내 말하는 것은 더 약하고 권력이 없는 쪽에 서는 것이다.

그렇다면 사랑을 알고자 열망하는 여성들이 관계나 로맨스에 관한 한 선택의 여지 없이 관습적 사고방식으로 회귀하는 것은 놀라운 일이 아니다. 혹여 실패할지라도 그들은 그 방식이 주는 최소한의 가능성과 약속에 매달린다. 지금 우리는 누구도 사랑에 가치를 두지 않는 나라에, 여성이 권력의 정치를 위해 사랑의 정치를 피하고 있는 시대에 살고 있다.

여성을 향한 남성의 폭력은 페미니즘이 남성의 마음 깊은 곳을 바꿔놓는 데 실패했음을 보여주는 공식적 증거가 되었다. 직장에서 여성 개인에 대한 언어적 성희롱이 세계적으로 화제가 되고 텔레비전에서 연일 보도되고 있지만, 아이러니하게도 가정 내에서 여러 형태로 가해지는 폭력은 알려지지 않는다. 남자와 여자가 영원히 행복하게 살 것이라는 러브스토리를 깨트리고 싶지 않기 때문이다. 사랑에 대한 페미니즘의 침묵은 남성들의 마음 깊숙이 자리한 가부장제에 대한 무력감이라는 집단적 슬픔과 남성들의 배반에 대한 충격을 반영하는 것이다. 여성들은 가부장적 사고에 충성하면서 자신과 다른 여성 모두에게 상처를 입혔다. 그런 충성이 그들에게 남성과 만나고 연대할 수 있는 공통 기반을 제공할 때 그걸 포기하라고 하기는 어려웠다.

지배하려는 욕망에 유혹된다면 남자든 여자든 사랑으로부터 멀어진다. 그런데도 어디를 가든 우리 사회는 강제적 고통과 지배로 가득한 관계 속에서도 사랑에 대해 잘 알 수 있다고 말한다. 이제 진실을 밝힐 때가 되었다. 다시 말하건대, 공정하지 않은 사랑은 없다. 누구든 자신이 고른 친밀한 상대와 함께하는 상호적 사랑을 향한 자유를 부정할 수 없다. 만약 우리가 권력을 찾고 현명하게 사용하는 데 사랑이 통합적 원칙이 되는 세상을 상상할 수 없다면, 우리는 사랑보다 권력을 택해야 하는 지배 문화 속에 남아야 할 것이다. 여성들은 권력을 택했고 쟁취했다.

오늘날 대부분의 남녀는 성평등의 정당함에 대해 인지하고 있다. 우리는 여성이 가부장적 남성과 모든 형태의 권력을 나누어 가질 수 있는 문화를 만들었지만, 공평하게 나눈다고 할 수는 없다. 또한 우리는 남성과 여성이 동등한 강도로, 성공과 권력을 추구하듯 열정적으로 사랑을 추구하는 문화를 만들지는 못했다. 그런 날이 올 때까지 여성은 점점 더 많은 권력을 갖게 될지는 몰라도, 사랑을 잃기는 쉽고 되찾기는 어려운 시대를 살아갈 것이다.

6장 사랑에 실패하는 여자들

여자가 남자보다 선천적으로 사랑에 더 관심이 많거나 사랑하는 능력이 뛰어난 존재로 태어나는 것은 아니다. 소녀 시절부터 여자들은 사랑에 더 매혹되도록 교육된다. 사랑이 여성의 일로 인식된 후부터 여자들은 사랑에서 능력을 발휘하고 사랑을 삶의 주제로 여기기 시작했다. 여자들은 나란히 앉아 사랑에 대해 이야기한다. 여자들 사이에서 가장 인기 있는 영화나 텔레비전 쇼의 중심인물은 늘 사랑을 찾는 여자였다. 우리는 소녀 때부터 죽기 직전까지 계속 사랑에 대해 이야기한다. 우리의 문화 역시 사랑에 대한 우리의 집착을 승인하고 유지시킨다.

결혼의 주목적이 재산 분배와 잠재적 노동력의 생산을

위한 결속 이상의 의미를 지니게 된 19세기가 되어서야 사랑은 여자들에게 중요하게 여겨졌다. 유럽의 제국주의는 다른 문화를 식민화하면서 여성의 종속을 이상화하는 것을 가능케 했다. 자본주의의 성장은 가정과 일터를, 사적 영역과 공적 영역을 분리했다. 여자들의 일은 사적 영역에서 조화로운 가정을 만드는 것이 되었다. 공적 영역에서 남자들은 경쟁적이고 무정했다. 가정은 이런 열정이 길들여지는 장소였다. 그곳에서 남자들은 기대고 앉아 휴식을 취했고, 평화로운 양육의 세계를 만들어내는 것은 여자들의 일이었다. 가정에 대한 이런 이미지는 모성을 이상화했다.

여성은 어머니로서 삶을 유지하고 남을 보살피는 데 일찍부터 관심을 가져야 했다. 남성은 보호자이자 제공자로서(제국주의 전쟁에서 그랬듯) 생활을 책임지고, 직장에서는 무정해져야 했다. 사랑을 인간과 인간을 잇는 중요한 영역으로 설정하고 동등한 개체 사이에서만 사랑이 존재할 수 있는 것으로 보았던 고대 그리스와 로마의 이상에서도 멀어지고, 신을 무조건적 사랑을 주는 부모와 같은 존재로 보는 생각 혹은 상호 간의 낭만적인 사랑에서도 멀어진 새로운 러브스토리 각본은 사랑을 가정의 영역에 할당했다. 다이앤 애커먼은 『천 개의 사랑』에서 이와 같은 관점의 변화를 묘사했다. "여자들은 집에 머무르며 아이를 돌보고, 남자들은 일을 마치고 집으로 돌아와 여자와 아이들과 시간을 보낸다. 가족 내 중요한 결정은 모두 주택의 영주인 남성이 내렸고, 집은 비록 규모가 작을지라도 그의 성이었다. 중산층의 새로운 꿈이라는 체에 걸러지면서 낭만적 사랑은 길들여진, 지루하고 밋밋한 섹스리스로 바뀌었다."

여성이 남성에게 경제적으로 의존하게 된 것은 남성이 여성에게 감정적으로 의존하게 된 것으로 중재되어야 했다. 선천적으로 남성이 우월하다고 믿는 여성 혐오자들이 계속해서 감성을 열등한 것으로 치부하는 담론을 맹렬히 만들어낼 줄은 아마 누구도 예측할 수 없었을 것이다. 정서적으로 여성에게 의존하며 얻는 기쁨과 별개로 남성들은 정서적 영역을 평가절하하기 시작했다. 그것은 물론 사랑의 가치절하를 의미했다.

가부장적 남성의 상상력에서 사랑이라는 주제는 약자들의 영역으로 강등되었고, 그 자리는 권력과 지배의 내러티브로 대체되었다. 남자들에게 성적 만족은 사랑의 기술보다 더 중요한 것이 되었다. 섹스는 일과 마찬가지로 권력이 연루되는 영역으로 여겨졌기에 사랑보다 우선시되었다. 노력을 통해서만 가능한 상호적 사랑에 대한 욕망과 달리 성적 열망은 쉽게 충족될 수 있었다. 남자들이 외면하면서 사랑의 의미는 모호하고 이해하기 어려운 것이 되어버렸다. 상호적인 관심과 헌신을, 영혼의 짝을 강조하는 사랑의 관념은 희생적 돌봄과 양육에 중점을 두는 것으로 바뀌었다. 사랑은 여성만의 일이 되었다.

어머니로 이상화된 여성들은 보살피는 일에 특화된 것처럼 여겨졌다. 20세기의 남성은 일이 바쁜 탓에 낭만적 전통에 근거한 사랑, 헌신과 소통을 필요로 하는 사랑을 실현할 시간이 없는 듯 보였다. 그의 시간은 자기만의 것이 아니었다. 사랑을 제공하는 것은 집안에서 일하는 아내/엄마의 의무였고, 남자가 집으로 돌아오면 여자는 남자에게 사랑을 제공했다. 여성이 '선천적으로' 양육자인지, 그러므로 남성보다 사랑의 관습에 더 적절한지에 관한 논쟁은 끊임없이 페미니즘 진영의 논쟁거리였다. 진 베이커 밀러나 캐럴 길리건 같은 심리학자들은 성별에 따라 주요한 차이가 있으며 여성이 관계 유지와 보호에 더 뛰어난 능력을 가지고 있다고 주장했다. 클로디아 벱코와 조앤 크레스탄은 『큰 소리로 노래를』에서 이에 정면으로 맞선다. "길리건과 밀러의 작업은 여성의 경험을 남성의 발전이라는 측면에서만 판단하고 여성을 선천적으로 열등한 존재로 보던 기존 연구에서 한발 나아간 것은 사실이지만, 그럼에도 남녀가 서로에 대한 분리된 이미지에 근거해 다른 경험을 했다기보다 '근본적으로' 다르다는 관념을 강화시켰다. 그들의 관점에 따르면 남성은 독립의 필요에 의해, 여성은 애착의 필요에 의해 정의된다. 그러나 우리는 남성 역시 여성과 마찬가지로 친밀감을 갈망하며 여성도 남성처럼 자치권을 갈망한다는 사실을 안다. 관계와 연대감이냐 독립과 개별성이냐의 문제는 문화에 따라 결정된다." 여성은 선천적으로 양육의 능력이 높다기보다 양육의 방법 혹은 양육하는 척하는 방법을 배운다.

여자아이는 인형을 가지고 놀 때 엄마를 따라 하면서 어떻게 '엄마'가 되는지를 배운다. 남자아이는 양육법을 지속적으로 배우지 않는다. 그들은 종종 양육 대신 지배를 선택하도록 공격적으로 사회화된다. 전쟁놀이와 같은 폭력적인 게임은 소년들에게 필요한 경우 생명을 죽이는 것이 그들의 역할이라고 가르친다. 소년들은 대부분 생명을 살리고 기르는 것보다 죽이는 것이 더 남자다운 것이라고 배운다. 페미니즘의 영향으로 양육에 더 참여하는 남성이 생겼지만, 남성 전체로 보자면 그들은 양육에 관심이 없다. 자녀 교육에 관한 책 『어머니의 춤』의 저자 해리엇 러너는 이렇게 강조했다. "자녀 양육이 진정으로 높이 평가된다면 주부들은 경제적으로 보호받고 남성들은 부모로서 동등하게 양육에 참여하기를 원할 것이다. 오늘날 드물게 모성애가 감성적으로 발달한 남성들은 직장보다 아이들이 있는 집에서 더 많은 시간을 보내려 노력한다." 아무도 남성이 선천적으로 양육 능력을 타고났다고 믿지 않겠지만, 성차별주의적 고정관념은 계속해서 여성의 정체성을 문화적으로 만들어왔다.

물론 여성의 아동 학대에 관한 통계만 살펴봐도 여성이 선천적으로 좋은 양육자이자 보호자라는 주장이 틀렸다는 증거는 많다. 여성이 생물학적으로 양육자의 운명을 타고났다는 성차별적 사고를 믿는 여성들조차 부모의 역할을 폭력적으로 수행하기도 한다. 자신의 어머니를 통해 여성이 더 친절하고 부드러우며 보호하는 존재로서 윤리적이고 도덕적이라는 이론을 전적으로 반박하게 된 체험적 사례도 많다. 이 모든 증거에도 페미니스트 동료들과 가부장적 남성들은 두 성별 간 차이를 긍정적으로 강조하는 길리건의 주장을 전용했다. 엄청난 베스트셀러가 된 존 그레이의 『화성에서 온 남자, 금성에서 온 여자』는 남자와는 다른 여성의 인지 방식에 가치를 부여하는 경향을 이용한다. 남녀 평등을 주장하는 것처럼 보이지만 저자는 내내 페미니즘 학계에서 남녀 공히 틀렸음을 입증하기 위해 애썼던 성적 차이에 대한 고정관념을 반복하며 지나치게 과대평가한다.

길리건과 마찬가지로 그레이는 남자보다 선천적으로 관계지향적인 여성의 이미지를 계속해서 환기시킨다. 길리건과 달리 그레이는 이 이론을 남자들이 더 관계지향적으로 바뀌게 하기 위해 주장하지 않는다. 그 대신 그는 남자들의 정서적 무심함을 정당화했다. 기본적으로 저자는 마치 가부장제나 현실에서 남성의 지배가 존재하지 않는 것처럼 남녀 관계의 문제에 접근한다. 그가 환기하는 관계의 세계에서 이성애자 사이의 갈등이나 불행은 대체로 단순한 소통 불능인 경우가 많다. 『화성남자 금성여자의 자녀교육』에서 그레이는 "태어나는 날부터 남자아이는 남자아이로, 여자아이는 여자아이로 태어난다"고 주장한다. 남녀 역할이 선천적으로 다르게 주어진다는 성차별적 사고를 강화하는 책이다.

그레이의 책에서 남성들이 감정적인 교감에 관심이 적은 경향은 언제나 정상적이고 당연한 것으로 다뤄진다. 그럼으로써 그는 기본적으로 가부장제를 지지한다. 남자들이 정서적 무심함을 심리적 테러리즘의 무기로 삼는다는 사실은 논의되지 않았다. 무심한 남자를 다루는 기술을 갖추지 못한다면 그건 여자의 잘못이었다. 그레이는 그런 기술을 알려줌으로써 여자를 구해주고자 한다. 예컨대 동굴로 숨어 버리는 남자에게 상처받지 않으려면 계속 이야기하자고 그를 방해해서는 안 된다는 식이다. 그의 책은 성차별주의자 남성과 잡음 없이 살기 위한 전략을 여성에게 제공한다는 관점에서라면 어느 정도 유용했다.

나는 남녀가 서로를 이해하는 데 새로운 통찰력을 제공하는 책이라면 늘 환영이라는 마음으로 『화성에서 온 남자, 금성에서 온 여자』를 사러 서점으로 달려갔다. 아이러니하게도 이 책을 읽으면서 나는 여자들의 특성에 대한 그의 묘사와 실제 모습 간 차이가 상당히 웃기다는 것을 발견했다. 그럼에도 남자에 대한 장에서 그의 묘사는 내가 길에서, 직장에서, 관계에서 마주친 성차별주의자 남성과 상당히 일치했다. 남녀 간 소통을 위해 그가 제시한 전략들은 종종 유효했지만 성차별주의에 문제를 제기하거나 비판하지는 않았다. 비극적이게도 그 책은 그가 말하는 남녀 간 차이를 만들어낸 장본인이 가부장적 사고라는 점은 보여주지 못했다.

그레이는 성차별주의를 낭만화하고 가렸을 뿐 아니라 여성이 선천적으로 양육과 정서적으로 보살펴주는 데 더 관심이 있다는 관습적 사고와 결탁했다. 그레이의 세계에서 여성은 자녀에게 폭력적이거나 공격적이지 않다. 어른과 아이 사이의 관계는 아이를 독단적으로 통제하려는 엄마와 자녀 간의 역동적인 현실을 고발하는 방식으로는 이야기되지 않는다. 만약 그런 이야기를 했다면 여성이 양육자 혹은 관계를 열망하는 본성을 타고났다는 일차원적 해석을 내릴 수는 없었을 것이다.

관계에 대해 저술한 뉴에이지 시대의 자유주의자들은 거의 모두 관계가 '기본적으로' 남성적인 혹은 여성적인 속성을 포용한다고 보았다. 게다가 그들은 양성성의 개념을 들어 모든 남성과 여성은 이런 속성을 지니고 있으며 각자의 성별이 옳은 방향으로(예컨대, 남성은 그의 남성성을 가리는 여성성을 발현시키고 싶어 하지 않는 쪽으로) 균형을 잡아 간다고 주장했다. 『여자는 차마 말 못하고 남자는 전혀 모르는 것들』에서 그레이는 이렇게 경고한다. "굉장히 남성적인 남자가 여성적으로 되었다면 그는 균형을 맞춰간 것이다. 그러나 만일 그가 너무 여성적으로 치우쳤다면 그를 여성성 쪽으로 더 압박하는 것은 불균형을 심화시키는 것이다." 존 브래드쇼와 같은 예외를 제외하고는 뉴에이지 시대에 쓰인 관계에 관한 책은 대부분 좀처럼 가부장제의 힘을 언급하거나 이데올로기를 설명하지 않는다. 성별에 따른 생물학적 차이가 내재한다는 주장은 가부장적 사고의 핵심이었다. 가부장제에 충성하지 않는다면 자유로운 여성과 남성이 그런 사고를 받아들인다는 것 역시 불가능하다.

반反가부장적 사고는 생물학적 성차가 있다는 현실을 인정하면서도 문화적 상황이 신체적 차이보다 영향력이 크다는 점, 그리고 생물학적 차이가 운명은 아니라는 점을 인지했다. 대부분의 페미니스트 사상가들은 여성이 남성보다 양육자로 사회화되기 쉬운 경향이 있다는 데 동의했다. 그런 사회화는 자궁 속 아이가 어머니의 몸에서 양분을 공급받고 자란다는 생물학적 사실에 따른 것일 터이다. 그러나 임신했을 때 아이를 소극적으로 키운, 즉 태교를 별로 하지 않은 엄마는 출산 후에도 아이에게 무관심하다는 구체적 사례도 있다. 처음으로 출산한 여성은 어떻게 해야 하는지 전혀 모르는 경우도 많다. 성실한 예비 엄마들만이 출산 전부터 아이에게 필요한 것이 무엇인지 배우고 준비한다고 볼 수 있다.

누군가를 돌보는 능력이 여자들에게 선천적으로 내재되어 있다는 신화가 깨질 때까지 여성이 남성보다 더 사랑하는 능력이 뛰어나다는 생각은 만연했다. 성차별주의적 여성은 남성들 못지않게 여성이 천성적으로 양육에 적합하다고 주장해왔다. 실제로 다른 이가 더 잘 지내도록 돕는 양육 능력은 후천적으로 습득되는 능력이다. 다시 말해 남성이든 여성이든 배우는 것이다. 가부장적 문화는 남성이 타인을 양육하고 돌봐주는 법을 배우지 못하는 상황을 강화시켰다. 오늘날에는 상식으로 받아들여지는 페미니즘의 가장 유용한 통찰 중 하나는 건강한 방식으로 양육된 성인 남성은 자신이 양육되는 과정에서 양육하는 법을 배운다는 것이다. 그리고 자녀 출생 이후 유아기까지 양육을 담당한 남자들은 여자들과 마찬가지로 아이들과 유대감을 느낀다.

꽤 많은 남자들이 정서적 보살핌이라는 측면에서 여자보다 앞서기도 하지만, 여전히 많은 여자들은 남자들의 정서적 무심함에 상처받는다. 이때 여자들은 자신들이 남자보다 더 잘 보살펴주는 존재라는 성차별적 전형을 고수하게 된다. 이렇게 여자들이 가부장제와 결탁하게 되면 남자들이 보살핌의 기술을 배우기란 더 어려워진다. 성을 둘러싼 갈등도 커진다. 남성이 양육자로서 동등한 역할을 할 수 있다고 가정할 때, 그들이 여성과 마찬가지로 돌볼 수 있는 능력을 가졌다는 사실은 분명히 곧장 입증될 것이다.

여자들의 돌봄 능력에 대한 지나친 강조는 많은 이로 하여금 양육과 사랑을 동의어로 생각하게 만들었다. 사실상 양육 능력, 돌봄 능력은 사랑의 한 양상에 불과하다. 에리히 프롬의 획기적인 책『사랑의 기술』은 사랑을 관심, 존경, 지식, 그리고 책임감으로 정의한다. 보살핌만으로 사랑이 성립하지는 않는다. 온전한 자아실현을 이루지 못하고 다른 이를 보살피는 일만 수행해온 여성일수록 자신이 보살피는 상대를 지나치게 의존적인 사람으로 양육한다는 증거가 계속해서 나타나고 있다. 가령 어떤 여성은 지나치게 위압적이고 경계를 무너뜨리는 방식으로 상대를 보살펴서 상대의 성장을 돕기보다 해치게 되며 관계가 소원해지게 만들기도 한다. 이런 위험성에서 공의존이라는 개념이 등장했다.

돌보는 기술을 연마하느라 다른 능력을 키우지 못한 여자들은 상대 남자보다 사랑의 기술을 습득하는 데 더 서툴 수 있다. 하지만 분명 다른 사람을 보살필 줄 아는 사람은 전혀 모르는 사람보다 사랑의 기술에서도 한발 앞선다. 그레이는 '오늘 어땠어?', '기분이 어때?'와 같은 기본적인 질문으로 대화를 시작하라고 남자들에게, 혹은 남자를 가르치는 여자들에게 일러준다. 그는 금성에서 온 여자가 화성에서 온 남자보다 정서적으로 더 함께하려고 한다는 것을 쉽게 설득한다. 하지만 나는 어린 시절처럼 우리가 서로 교감을 나누던 지상낙원에 살고 싶을 뿐이다.

무엇보다, 여성 양육자들은 아들을 혼자 (혹은 존재하건 부재하건 아버지 쪽의 도움을 거의 받지 않고) 키워 양육 기술이 없는 사람으로 만든다. 해리엇 러너는 양육에 대한 자신의 연구에서 거듭 "세계적으로 모든 여성을 압박하는 '모성 본능'이라는 개념은 환상"이라고 강조한다. 그런 환상은 아이들을 돌보는 데 실패한 여성들의 존재를 철저히 은폐했다. 만약 엄마가 아이를 돌보고 양육하는 방식을 안다면, 아들이나 딸에게도 알려줄 수 있을 것이다. 우리 집은 딸 여섯에 아들 하나였는데, 남자 형제 역시 어릴 때부터 여자 형제들과 마찬가지로 소통하고 돌보는 법을 배웠다. 그러나 청소년기에 들어서자 그는 집 밖에서 동성 친구들과 어울리며 다른 이들을 돌보지 않는 방식이 더 남성적이라고 배우게 되었다. 짧은 기간 동안 그는 타인, 특히 여성을 존중하지 않고 돌보지 않는 자세를 취했으며 소통을 멈췄다. 존 그레이의 말을 빌리자면, "동굴로 들어간" 것이다.

엄마는 잠시 그런 태도를 봐주었다. 나는 그가 학교에서 농구 연습을 마치고 한마디 말도 없이 엄마와 우리의 방을 지나 거실을 가로질러 뛰어가던 그때를 기억한다. 그는 밖에서 기다리고 있는 친구들 때문에 서두르고 있었다. 엄마는 아들이 방에 올 때까지 기다렸다가 그가 막 나가려는 때 멈춰 세워 그의 태도가 무심하고 무례했다고 일러주었다. 그러곤 다시 나갔다가 돌아와서 예의 바르게 혹은 다정하게 집 안에 있는 사람들의 존재를 의식해달라고 요구했다. 이렇게 사회화되며 성장기를 보낸 그는 상대를 보살피는 방법을 안다. 가부장적 문화에서 자신 같은 남자가 무심한 남자들에 비해 무시받는다는 사실까지도 말이다.

어릴 때부터 배웠기 때문에 여자들은 일반적으로 남자보다 보살피는 방법을 더 잘 알지만, 그게 본능이거나 천성은 아니다. 보살피는 것은 사랑의 한 모습이지만 그 자체가 사랑은 아니다. 사랑을 주고받는 것을 배운 적이 없다는 사실과 사랑이라는 감정의 구축 사이에 아무런 연관이 없는데도 여성이 일반적으로 남성보다 사랑에 대해 이야기하는 데 더 익숙하다는 사실이 내게는 매력적이다. 여자들이 선천적으로 양육에 적합하다고 가르치는 가부장적 훈육은 같은 논리로 여자들이 사랑을 주고받는 방법을 본능적으로 알고 있다고 가르친다. 하지만 자신이 무슨 행동을 하는지 모르기 때문에 여자도 남자와 마찬가지로 사랑에 실패한다.

여자들은 종종 사랑하는 행위보다 사랑받는 행위에 더 관심이 많다. 상대 남자보다 사랑의 기술에 대해 더 배운 바가 없어 사랑에 실패한다는 사실을 깨닫지 못한다면 여자들도 사랑을 할 수 없을 것이다. 만약 가부장적 문화에서 사랑에 대한 여자들의 집착이 날 때부터 사랑의 실천으로 연결되었다면, 여자들은 사랑의 전문가가 되어 있을 것이다. 그 결과로 여자들은 양육에 관한 모든 일을 했을 것이고 아이들은 더 사랑받았을 것이다. 그리고 만약 여자들이 사랑의 기술에 더 뛰어나다면, 그 기술은 남자아이와 여자아이에게 똑같이 나눠졌을 것이다.

　우리 사회가 사랑을 저평가하는 한, 여자들은 상대 남자들보다 사랑을 더 잘할 수 있는 존재가 될 수 없다. 가부장적 문화에서 보살피는 일은 여성의 주된 일로 여겨져왔고, 페미니즘은 그런 인식을 바꾸지 못했다. 그리고 여자들이 종종 남자들보다 더 보살피는 존재이더라도, 그것이 사랑하는 방법을 더 잘 안다는 뜻은 아니다. 사랑은 보살핌과 헌신, 지식, 책임감, 존중, 그리고 신뢰가 결합된 것이다. 보살피는 기술을 사회적으로 배운 여자들은 사랑을 원한다면 더 쉽게 그 기술을 배울 수 있다. 그러나 여자들은 사랑의 기술을 위해 온전히 헌신하기를 선택하지 않았다. 사랑받는 것이 권력을 뺏긴 자의 것, 나약함의 표현으로 여겨지는 한 여자들은 온전히, 깊이, 완전히 사랑하기를 두려워할 것이고 계속해서 사랑에 실패할 것이다. 사랑에 실패해야만 사랑을 외면한 남자들과 같은 입지에 설 수 있기 때문이다. 사랑에 실패한 여자들은 자신의 삶에 존재했던 남자들(아버지, 남자형제, 친구, 혹은 연인들)이 사랑을 주지 않았다고 해서 실망할 필요도 없을 것이다. 사랑을 배우려는 여자들은 가부장제의 현상유지에 가장 큰 위협이 된다. 반면 사랑하는 데 실패한다면 여자들은 사랑보다 남성의 승인과 지원이 그들의 생존에 더 필수적이라고 인정하는 셈이다.

7장 나는 어떤 샐러드를 좋아하는가

마흔이 되기 전까지, 나는 내 관계가 끝나리라는 생각을 하지 못했다. 그건 사랑에 대해 충분히 몰랐기 때문이다. 결국 나는 15년이라는 긴 시간 동안 한 남자와 파트너로 살았다. 관계를 끝낼 무렵 나는 우리가 의미 있는 친밀한 관계를 유지하는 데 실패한 이유는 내가 아닌 상대에게 있다고 생각했다. 여러 가지 문제를 끝없이 맞닥뜨리면서도 나는 내가 진짜로 사랑하고 있는 것인지 스스로 되물어볼 생각은 하지 못했던 것이다. 그게 내 실수였다. 나는 사랑을 당연한 것으로 여겼다. 사랑에 관한 내 지식은 얕았다. 내 인생에서 사랑에 대한 모든 철학적 사고는 책에서 얻은 것인데, 이론을 실천으로 옮기는 것은 훨씬 어려웠던 것이다. 그리고 여자들이 대개 그렇듯, 나는 내 인생의 남자를 내가 더 많이 사랑한다고 여겼다.

몇 년간 혼자 산 후, 나는 친밀한 관계에 대해 진지하게 생각해보기 시작했다. 그때까지 나는 관계의 문제가 친밀함을 두려워하는 상대 남자에게 있다고 느꼈다. 많은 상대를 만나보진 않았지만, 관계에서의 내 선택들 사이에 비슷하게 나타난 패턴을 찾기란 어렵지 않았다. 나는 조용하고 내성적이며 홀로 있기를 더 좋아하는 남자, 종종 정서적 교감을 거부하는 남자, 정서적으로 미성숙한 알코올중독자 들을 선택했던 것이다. 또한 그들은 대개 싱글맘 밑에서 자라며 어머니와 상당히 밀접한 애착관계를 이루고 있었다. 나는 그들이 내 개인성을 기꺼이 존중해주는 점을 관계의 가장 큰 미덕으로 삼았다. 가장 길었던 이 관계를 끝내며 나는 우리가 함께할 공간을 만들고 유지하기보다 각자의 공간을 분리하는 데 더 능숙했다고 농담을 했다.

그 후 결혼하지 않고 혼자 지내면서 나는 스스로를 대면하고 친밀한 관계들을 점검할 정서적 여유를 얻었다. 곧 내가 특히 친밀함의 영역에 관심이 없는 사람들만을 파트너로 택했다는 걸 깨달았다. 그래야만 상대를 맹신하거나 위험을 무릅쓰지 않아도 되었기 때문이다. 친밀감을 제공하는 데 관심이 없는 남자와 지내는 것은 내가 그와 정말로 가까워질 필요가 없음을 뜻했다. 그럼에도 나는 내가 진정으로 친밀감을 원하며 자기희생적이고 관용적인 여자라는 이미지를 가지고 있었고, 때로는 '관계'를 위해 열심히 노력하는 자신을 보며 우쭐하기도 했다. 하지만 친밀감을 유지하는 데 관심이 없는 사람에게 가까이 다가가려는 노력은 우울감을 줄 뿐 아니라 자신을 완벽한 공격 대상으로 만든다. 『화성에서 온 남자, 금성에서 온 여자』에서 존 그레이가 끊임없이 말했듯 남자가 가까이 오기를 원하지 않으면 거리를 두는 것이 좋다. 그들은 친밀한 교류를 위해 다가오는 당신을 공격할 것이기 때문이다.

마음이 따뜻하고 개방적인 여자는 남자가 닫아버린 마음을 열어줄 촉매를 자신이 제공할 수 있기를 바라며 그런 종류의 남자를 고른다. 그들은 마음을 열려고 스스로 노력하지 않기 때문에 우리의 노력은 보통 실패한다. 양육자이자 보살펴주는 사람으로 훈련된 여성들은 종종 그것이 자신의 의무라고 생각한다. 그런 일들은 여성으로서 해야 할 일이라고 믿도록 사회화된 것이다. 우리는 심지어 친밀감을 피하는 남자와 친밀감을 원하는 여자라는 두 다른 가치 체계 사이의 지속적인 긴장감을 자극으로 여기기도 했다. 그러나 이런 만족스럽지 못한 작용들은 우리로 하여금 실제로 친밀감에서 멀어지게 만든다.

혼자 지내게 되면서 나는 친밀감의 측면에서 내 관계들을 자세히 들여다보기로 했다. 나는 커리어나 소명과 같은 것을 추구하는 창조적인 많은 여자들처럼, 남자와의 관계에 온통 마음을 빼앗기는 대가를 치러야 할까 봐 두려웠다. 나는 엄마가 아빠의 온갖 시중을 드는 가부장적 가정에서 자랐다. 아빠의 시중을 들지 않을 때면, 엄마는 자식들 뒤치다꺼리를 해야 했다. 엄마 자신의 요구는 거의 충족되지 않았다. 좋은 엄마는 가족의 안녕 외에 자신의 욕망을 가지지 않는 존재라고 믿어온 엄마가 스스로의 요구나 욕망을 분명히 표현해본 적이나 있었을지 의문이다. 내가 봐온 대부분의 결혼이나 관계에서 여자는 언제나 보살피는 역할을 주로 맡았고 자신의 발전을 위한 시간은 거의 갖지 못했다.

에버그린 주립대의 총장이었던 제인 저비스는 '삶을 구성하기: 모든 것을 가질 수 있지만 동시에 다 가지긴 어렵다'라는 연설에서 중년의 나이에 생화학 학위를 받으며 모범을 보이고 자녀들이 고등교육을 받도록 격려한 자신의 어머니에 대해 이야기한다. 처음에 제인은 엄마의 뒤를 따르기를 거부하고 다른 여성처럼 결혼 후 남편의 그늘에 살기를 택했다. 그녀는 이렇게 말했다. "서른몇 살이 되어 부엌 캐비닛을 뒤지며 살던 때를 기억합니다. (…) 그 안에 내 것은 아무것도 없었어요. 내 인생의 캐비닛 속 모든 것은 다른 누군가를 위한 것이었어요. 애들 중 홀리는 참치 샐러드 속에 든 양파는 싫어했고, 샐러리를 좋아했죠. 신디는 양파를 좋아하고 샐러리를 싫어했고요. 켄은 양파와 샐러리를 다 좋아했어요. 그래서 나는 늘 세 종류의 참치 샐러드를 만들다가 어느 순간 나 자신은 뭘 좋아하는지조차 모른다는 사실을 깨달았어요." 무엇보다 그녀의 발전은 대학 새내기 때 사랑에 빠지면서부터 멈춰 있었다. 문제는 사랑에 빠졌다는 사실이 아니라 상호 간 성장과 발전을 중심에 두지 않는 결혼 관계 속에 편입되었다는 사실에 있었다. 여전히 상호 간 성장을 결속의 원칙으로 삼는 이성애적 관계는 너무나 드물다. 적어도 내가 대학에서 본 바로는 그런 상호적 사랑을 보여주는 예는 없었다.

좋아하는 여성 작가들의 삶을 공부하며 나는 그 문학적 멘토들이 사랑을 향한 나의 탐구에 길잡이가 되어주기를 바랐다. 시인 실비아 플라스의 열렬한 팬인 나는 그녀가 아이들이 깨기 전 새벽 일찍 일어나 시를 써야 했다는 구절을 읽으며 눈물을 흘리곤 했다. 또한 플라스가 작가, 아내, 그리고 엄마로서의 여러 욕구 사이에서 균형을 찾으려다 결국 살아남지 못했다는 사실을 알고서 울어버렸다. 이렇게 역할모델이 부재한 상황에서 나는 어떤 길을 택해야 할지 몰랐다. 나는 작가가 되고 싶은 동시에 의미 있는 관계도 원했다. 여러 관계 사이에서 함몰되고 소모되다가 내 예술적, 지성적 능력이 분산될까 두려워한 나는 정서적으로 많이 요구하지 않고 나의 노력을 지지해주는 남자들에게 매력을 느꼈다. 나는 정서적으로 요구하지 않는 그들의 특성이 곧 개인적 성장 미숙이나 정서적 관용의 부족과 관계있다는 걸 너무 늦게 깨달았다. 어쩌면 그들도 나처럼 두려웠을지 모른다. 싱글맘의 과보호에서 비롯되었을지 모를 두려움, 여성이 자신들의 선택이나 행동을 지나치게 통제할지 모른다는 두려움 말이다.

자신에게 중요한 방식으로 자신을 성장시킬 수 있는 상대를 고를 때 무엇보다 어려운 건 어떻게 파괴적 행동 패턴이 나타나는지를 살피는 것이다. 우리 대부분은 돌봄 능력을 유일하지는 않더라도 가장 주된 사랑의 요소로 여기도록 키워졌기 때문에, 쉽게 자신이 '사랑하고 있다'고 스스로 설득당한다. 여자들 대부분은 어떤 방식으로든 남자에게 양육된 적이 없으므로, 상대 남자의 보살핌에 몹시 끌리게 된다. 내 상대들은 각기 내 지적이고 창의적인 작업들을 지지해주었고, 나는 그걸 지금도 고마워하고 높이 평가하지만, 그들의 미숙한 정서적 반응은 내 정서적 성장을 지연시킨 것이 사실이다.

자신이 주된 정서적 양육자라는 사실에 도취된 여자들은 마음의 문제에 있어 거만하다. 여자들이 사랑하는 법을 알고 있으며 욕망과 행동을 동일한 것이라고 믿게 하는 성차별적 사회가 만든 신화 때문에 우리는 사랑의 본성에 대해 비판적으로 생각할 수 있기까지 수많은 관계의 실패를 겪을 것이다. 많은 여성이 존 그레이나 수전 제퍼스, 바버라 디 앤젤리스, 팻 러브나 다른 인기 자기계발서 작가들이 사랑에 대해 쓴 책을 집어 든다. 이성애적 관계를 제대로 만드는 방법을 알고 싶어서다. 그런 책들이 수백만 부씩 팔린다는 사실은 일면 독자들의 욕망을 대변한다. 그 책들은 친밀한 관계에 대한 실용적 논의를 전해주는 주요 수단인 것이다. 그런데 무엇보다 이런 책은 정작 사랑에 대한 이야기를 하지 않으면서 관계를 개선하기 위한 전략만 제공한다. '사랑을 만들어가는 것'은 관계가 '작동'하게 하는 것과는 다른데 말이다.

사랑에 대한 주제를 다룬 훌륭한 책 중 하나는 1992년에 처음 출간된 존 브래드쇼의 『사랑 만들기』다. '상처받은 내면 아이'에 관한 책으로 가장 잘 알려진 브래드쇼는 일반적인 자기계발서식 사랑에 대한 충고에서 벗어나 우리가 사랑을 이해하는 데 가부장적 사고가 미친 영향에 대해 과감하게 논한다. 이 책은 저자의 전작만큼 현대 문화에 큰 영향을 미치지는 못했다. 독자들은 책을 샀지만, 사랑에 대해 알지 못하게 한 가부장적 방식을 타파할 용기를 내지는 못한 것이다. 하지만 이 책은 여자들에게 스스로를 남자들보다 사랑에 적합한 존재로 여기도록 부추기지 않는다는 점에서, 또한 남자들이 사랑에 실패하는 이유를 애정을 갈구하는 여자들 탓으로 돌리지도 않는다는 점에서 도전적이라고 할 수 있다.

브래드쇼는 자기계발서들의 규범이 되어버린 상호보완적 성차라는 유행어에 갇히지 않았다. 그 대신 그는 "심지어 우리의 부모조차 종종 좋은 의도를 가지고 이제는 학대라고 부르는 것과 사랑을 혼동했다"는 사실을, 그래서 우리에게 사랑에 대한 잘못된 이해를 심어주었다는 사실을 알아야 한다고 말한다. 저자는 문화적 토대를 이루는 가부장제의 지배를 학대와 연결하면서 사랑보다 권력의 내러티브를 높이 사는 전반적인 문화적 경향을 조명한다.

우리는 모든 사람이 가정폭력을 겪지는 않았으며, 대부분 가부장적 사고를 옹호하고 높이 사는 가정에서 자랐다는 사실을 알고 있다. 우리는 여자들이 배우자인 남자들보다 사랑을 주는 데 능숙하다고 믿도록 교육받으며 가부장적 추정들을 수용하는데, 이런 추정은 친밀한 관계 내에서 우리의 사고와 행동 방식을 형성한다. 여성이 사랑에 더 적합하다고 믿는 남성과 관계를 맺는 여자들은 남자의 정서적 결핍을 용인하는 경향이 있다. 그러나 남자가 수동적이리라 예상한다고 해서 곧 남자가 정서적으로 더 적극적이길 기대하지 않는다는 의미는 아니다. 그들도 기대한다. 이때 발생하는 비극적인 아이러니는 가부장적 사고가 남자들에게 정서적 수동성을 남성성이라 믿게끔 사회화했다는 것이다. 사회적 훈련은 남녀 간의 차이를 만들어내 우리가 그것을 '자연스러운' 것으로 생각하게 만들며, 이는 동시에 갈등의 토대를 이룬다.

여자들이 더 노력함으로써 남녀 간 갈등이 해결될 수 있다는 성차별적 사고 때문에 문제가 생겨났는데도 여자들은 가부장제에 기꺼이 헌신하려 한다. 자신이 변화하면 남자도 더 헌신하리라는 생각에 매달리는 여자들은 브래드쇼의 주장을 받아들이지 않는다. 그럴 때 가부장제는 강화되고, 남녀가 서로를 사랑할 수 있는 세계는 더욱 요원해진다. 따라서 남녀 모두가 사랑을 주고받는 법을 배울 수 있다고 믿는 것만이 지속 가능하고 의미 있는 상호적 사랑을 구축할 수 있는 유일한 기반이다.

궁극적으로 사랑받고 사랑하고자 하는 욕망을 가진 여자들은 성차별적 전제를 잊으려고 노력해야 한다. 역 또한 성립한다. 기본적으로 남성의 정서관을 존중하면서 사랑에 대해 접근해야만 그가 아직 사랑하고 사랑받을 준비가 되지 않았다는 사실 역시 알 수 있다. 『구명구』에서 저명한 심리치유사인 저자 해리엇 러너는 "남녀가 진정으로 평등한 다른 세계에서는 남자 혹은 여자와의 친밀한 관계가 어떨지 상상도 할 수 없다"라고 말한다. 바로 그렇기 때문에 무엇보다도 사랑이 무엇인지, 우리 사회에 이미 존재하는 사랑을 방해하는 장애물이 무엇인지 분명하게 이해하는 일은 더욱 중요해진다.

오만하고 순진하게도 나 역시 남자보다 여자가 더 다정하다고 생각했던 시절이 있다. 우리 여자들은 사랑에 대해 더 많이 이야기하고 찾으며, 발견하면 축하하는 집단이었기 때문이다. 우리는 또한 사랑에서 비롯한 실망에 관해 가장 많이 이야기하는 집단이었다. 이성애적 사랑과 로맨스의 경우, 우리는 남자가 문제라고 확신했다. 콧대 높은 오늘날 페미니즘은 정서적 영역에서 여성이 남성보다 우월하다는 생각을 강화시켰을 뿐이다. 여성 대부분은 양육자, 보살피는 사람으로 훈련받은 스스로를 더 나은 연인이라고 생각했다.

우리 중 많은 이가 강압적이고 종속적이며 미성숙한 여성, 때때로 폭력적이고 모욕적인 언어로 학대하는 여성에게 길러졌으면서도 여전히 '친절한' 존재라는 여성의 이미지에 매달렸다. 1980년대 초에 출간한 내 두 번째 책 『페미니즘: 주변에서 중심으로』에서 나는 한 챕터를 할애해 성인 여성의 아동 학대를 언급하며 여성이 남성보다 덜 폭력적이고 잘 보살피는 존재라는 가정에 의문을 제기했다. 나는 어머니가 아이를 학대하는 동시에, 자신들의 폭력적 행위에 대한 트라우마를 최소화하고 자신을 이상화하기 위해 반대로 아이들을 보살피는 경우도 많다는 사실을 지적했다. 언어적으로든 물리적으로든 학대의 주된 주체인 아버지는 아이들을 지속적으로 돌보지 않았으며 이상화되지도 않았다. 희생적인 순교자로서 엄마들은 거의 항상 아이들을 돌보며, 심지어 지배와 보살핌을 동시에 행했다. 실제로 종종 가학적 모성애는 여성들이 친밀한 관계에서의 사도마조히즘적 폭력과 사랑을 혼동하게끔 세뇌시켰다. 종종 남자들이 상대

133

여자에게 행하는 언어적 모욕은 여성들이 경험한 가부장적 엄마들의 지배와 처벌의 양식과 닮아 있다.

　오랫동안 나는 엄마를 성차별적 가부장 남성에 의한 피해자로 보면서 이상화하고 우상화했다. 한참이 걸려서야 사실은 엄마 또한 가부장제를 믿었기에 더 강력한 남성에게 희생당하는 동시에 그 희생을 통해 가부장제와 결탁했음을 깨달았고, 그제서야 두 가지 방식으로 엄마를 바라볼 수 있게 되었다. 새로운 방식이 가능할 때조차 가부장적 사고를 계속 받아들였다는 사실은 엄마가 자발적으로 선택했다는 뜻이었다. 그래서 때로 엄마가 강압적이고 난폭해질 때 아빠 탓만 할 수는 없다는 것 또한 깨달았다. 여성적 이상이나 미적 기준에 미달할 때 딸들을 멸시한 건 아빠가 아니라 엄마였다. 엄마는 기준을 상정했고 우리가 그것을 만족시키지 못할 때 처벌할 척도를 정했다. 낸시 프라이데이는 『미의 권력』에서 특히 모녀관계를 통해 이상화된 여성성을 벗겨내야 한다고 강조하며 모성적 사디즘에 관해 기록한다. "소녀들이 엄마의 딸이지만 엄마의 복제품이 아닌 개별적 인간으로 키워지지 않는다면, 우리는 계속해서 다른 여성의 반감을 살까 봐 두려워하며 승인을 갈구할 것이다." 모성적 사디즘과 그것이 여성의 자존감에 가한 충격, 그것이 사랑에 대해 알 능력을 억제한 방식은 금지된 주제로 남아 있다. 가부장제는 너무 오래 여러 측면에서 엄마들을 비난해왔기에, 부정적인 전형을 강화하지 않고 엄마들을 비판하기란 여전히 어렵다.

보살피는 존재로서의 여성이라는 이상형은 사회에서 너무도 강력하게 작용한다. 그건 가부장제가 승인해준 여성에 관한 몇 안 되는 긍정적 자질이기 때문이다. 그래서 여성들이 이런 자질에 의문을 제기하는 것을 내키지 않아 하거나 싫어한다는 사실은 별로 놀랍지 않다. 만약 여성에게 허용되는 유일한 특성이 그것이라면, 남성보다 도덕적으로 우월하다고 여겨지는 특성이 그것 하나라면, 대부분의 여성은 자신이 그렇지 않다는 걸 알면서도 그 믿음을 붙들려고 노력할 것이다. 나는 나이를 막론하고 여자들이 남자들보다 사랑의 기술을 쉽게 배울 것이라 믿어 의심치 않는다. 그 이유는 우리가 사랑에 관심을 갖는 모습이 이상하게 여겨지지 않기 때문이다. 시간을 들여 사랑을 배우려는 여성이라면 누구나 남성보다는 더 지지받을 것이다. 여자들이 천성적으로 남자들보다 더 사랑을 원하고 사랑에 적합한 존재라는 추정은 종종 사랑이나 친밀함과 관련해 생기는 문제들을 제대로 직면하지 못하게 한다. 그래서 너무나 많은 여성이 중년이 되어서야 사랑에 대해 배우기 시작하는 것이다.

『너무 사랑하는 여자』나 『화성에서 온 남자, 금성에서 온 여자』 같은 책 대신 여성이 어떻게, 왜 사랑하는지에 관한 책을 읽었다면 우리의 문화와 사랑의 의미가 얼마나 달라졌을지 상상해보자. 만약 그랬다면 여성들은 자기계발을 가장해 자신들을 비난하는 책을 읽는 대신 무엇이 문제인지 알기 위해 자기 마음과 정신에 집중했을 것이다. 거짓과 가장이 아닌 현실을 직면하는 것은 여성들에게 매우 중요하다. 이성애자이건 동성애자이건 사랑을 찾는 여성 중 "소수만이 가전제품이나 차를 살 때처럼 명확하고 객관적인 기준에 따라 파트너를 평가하고 고른다"라는 해리엇 러너의 이야기에 귀 기울일 필요가 있다. 여성들이 사랑의 기술을 제대로 배운다면 현실은 달라질 것이다.

동시에, 페미니즘이 어떤 식으로든 변화를 이끌어냈음에도 여성이 주된 양육자가 되는 상황에서 우리는 이 양육자 역할과 우리가 아이에게 사랑에 대해 실제로 가르치는 것 사이의 상관관계를 살펴볼 필요가 있다. 사랑과 같은 가치는 엄마가 아이에게 가르치는 것일까, 아니면 학교나 텔레비전 등을 통해 습득된 것일까? 물론 여성이 사랑을 너무도 높이 평가한다면 아들에게든 딸에게든 사랑의 중요성을 가르칠 것이다. 여성들 역시 열정적으로 사랑하고 사랑받기를 원하는 만큼 그런 욕망을 진지하게 연구할 대상으로 보지 않는 건 분명하다.

여성은 친밀함의 속성과 관계를 잘 이끌 방법을 배우는 데 남성들보다 훨씬 더 큰 비용을 들인다. 놀라운 건 그럼에도 여성들은 사랑을 가르치는 학교를 세우지도, 사랑을 더 잘 이해하게 도와줄 지식 집단을 만들지도, 사랑에 관한 통찰력 있는 글을 다양하게 생산하지도 않았다는 점이다. 이제 여성들이 사랑의 사회적 재평가를 요구할 때가 되었다. 그것은 사랑을 저평가하게 된 구체적인 역사를 알고자 하는 의지에서 시작해야 한다. 또한 그것은 여성이 남성보다 더 사랑하는 존재라는 성차별적 전형에 대한 철저한 거부와 아무리 어렵고 많은 희생이 따르더라도 사랑의 작업을 수행하겠다는 확실한 의지에 근거해야 한다.

제인 저비스는 페미니즘을 만나고서야 비로소 "내가 어떤 참치 샐러드를 좋아하는지를, 나는 내가 좋아하는 방식으로 요리해서 먹을 자격이 있다는 것을, 원한다면 그 방식대로 가정의 요리법을 정해도 된다는 것을 깨닫기 시작"했다. 그녀는 서른네 살에 대학원에 입학했고, 이혼했으며("남편은 내 새로운 열정에 기뻐하지 않았어요"), 마흔 살에 박사학위를 받았다. 그다음은 어떻게 되었을까? 그녀는 자신을 찾았고, 정서적으로 준비가 되었기에 상호적인 사랑을 찾았다. 스스로를 속이지 말자. 사랑하는 방법을 모르면서 상호적인 사랑을 기대할 수는 없다. 그리고 사랑의 기술을 연마할 수 있는 최적의 장소는 우리 자신, 우리가 가장 잘 알고 변화시킬 수 있는 스스로의 몸과 정신 그리고 마음이다.

결코 나를 떠나거나 배신하지 않을 유일한 사람은 바로 나 자신이다. 여성인 나를 사랑하는 방법을 배우는 데서 사랑의 탐색은 시작되어야 한다. 이 여정은 친밀감과 진정한 사랑의 본질에 대한 기존의 사고와 믿음을 재검토하는 데서 출발한다. 여성이 천성적으로 사랑에 적합한 존재라는 편견을 버리고 사랑을 하겠다고 선택하는 것이다. 사랑을 선택함으로써 우리는 주체성과 개인적 성장, 정서적으로 열린 마음을 얻게 될 것이다.

8장 바로 지금 여기, 몸

　　사랑의 기술을 배우고자 하는 여성이라면 누구나 불교 선승이 말하듯 '당신이 있는 바로 그곳'에서 스스로를 사랑하는 것부터 시작할 수 있다. 여성이 자기 몸에 가지는 부정적 감정만큼 여성이 남성보다 더 사랑에 적합한 존재라는 추정이 허위임을 보여주는 것은 없다. 자신을 사랑하는 데에는 남성이 여성보다 빨리 옳은 길을 찾아간다는 사실은 누구나 쉽게 알 수 있다. 남성들은 대개 자신의 몸을 당연하게 받아들이고 좋아하기 때문이다. 그리고 사회 역시 전반적으로 남성의 육체성을 적절하게 대우한다.

　　여성들은 쉽게 정신과 육체를 분리시켜 자기 몸을 싫어하면서도 사랑을 할 수 있으리라 착각한다. 여성들은 이런 잘못된 논리를 받아들일 뿐 아니라, 자신의 몸을 싫어하면서도 스스로가 다른 이들에게 사랑을 가르치기에 가장 적합한 집단이라고 믿도록 문화적으로 압박받는다. 더 심하게는 자기 자신을 싫어하면서도 긍정적인 자기존중을 표현하도록 강요받는다. 가끔 어린 딸의 자기혐오에 대해 토로하며 어떻게 해야 하는지 내게 물어보는 엄마들이 있다. 그들 **자신의** 자아나 **자신의** 몸, **자신의** 존재에 대해 어떻게 느끼는지 되물으면 엄마들은 동요하며 도망치고 싶어 한다. 엄마들은 벽에 적당한 그림을 걸어두고 괜찮은 책과 옷장을 사고 긍정적인 이야기를 하면 딸이 자신에 대해 만족할 것이라고 믿고 싶어 하는 경향이 있다.

자녀는 단순히 부모가 하는 말을 통해서만 배우지 않는다. 자녀는 그들의 행동으로부터 배운다. 부모가 딸에게 '있는 그대로의' 모습을 긍정한다고 말하면서 자신이나 다른 여성이 지닌 가치를 폄하한다면 건강한 자기애의 토대를 만들어주지 못할 것이다. 중요한 건 건강이라고 말하면서도 딸들이 날씬해지기를 바라며 집착하는 아빠, 심지어 다른 여자와 비교하며 아내에게도 살을 빼라고 종용하는 아빠는 실질적으로 여성이 스스로를 싫어하도록 부추기는 것이다. 딸들은 바보가 아니다. 그들은 체중이 자신의 가치를 매길 것이며, 그로써 사랑받을지의 여부가 결정될 거라는 메시지를 받는다.

『식욕』이라는 흥미로운 회고록에서 제닌 로스는 이렇게 고백한다. "날씬해진다는 것은 살로 상징화된 내면 깊은 곳의 상처를 치유해줄 마법처럼 여겨졌다. 비만에서 벗어나면 상처의 핵심에서 벗어날 수 있을 것 같았다." 로스는 사랑을 향한 여성의 탐구와 날씬해지고자 하는 여성들의 집착 사이의 연관성을 직접적으로 이해할 수 있었다. "마침내 모퉁이를 돌아 평생 쥘 수 없었던 사랑과 존중, 인정을 얻게 되리라는 환상은 사랑받고 인정받고 싶었던 어릴 적 소망의 성인 버전이다. 언젠가는 사랑을 얻게 되리라 믿었던 어린 시절, 우리는 이야기의 주인공이 되어 환상을 꾸며내며 내가 아닌 누군가가 될 거라고 생각했다. 그리고 내가 모습을 바꿔 다른 사람이 되기만 하면, 저 모퉁이를 돌기만 하면 그 사랑이 기다리고 있을 거라고 믿으며 우리는 그 모퉁이를 돌겠다고 평생 동안 노력한다." 이것이 바로 자기혐오가 작동하는 방식이다. 여성의 자기애는 자신을 인정하는 데서부터 시작된다.

엄마가 딸을 위해 여성의 몸이 있는 그대로 받아들여지고 인정되며 존중되는 가정 분위기를 형성하려 노력한다면, 어린 소녀들이 자신의 신체 조건을 싫어하게 만드는 미디어의 폭력적 메시지에도 적절한 대응을 해줄 수 있으리라. 대체로 여성의 신체를 평가절하하는 문화는 사랑받는 가정에서 자란 경우까지 포함해 모든 소녀의 자존감에 영향을 미친다. 여성의 신체적 자존감을 보호하기 위해서는 지속적인 주의가 필요하다.

자신의 몸을 싫어하도록 길러졌더라도 마음을 바꾸는 일이 불가능한 것은 아니다. 나이에 상관없이 먼저 건강한 몸에 대한 권리를 주장하고 그것을 미와 매력의 토대로 삼아 스스로를 사랑하는 작업을 시작해보자. 이것은 단지 '싫다'고 말하는 것으로 시작될 수 있는 문화적 혁명 중 하나다. 싫다고 거부해야 할 대상은 우리가 오로지 신체 조건으로만 규정되며 여성의 몸이 뭔가 부족하고 적절하지 않은 상태라고 말하는 이 세상이다. 여성의 신체에 대한 모든 종류의 비하나 평가절하를 거부하는 것은 사랑을 실천하는 길이다.

사실상 유행하는 옷이나 물건을 구입함으로써 얻어지는 여성의 인위적인 미에 대해 우리의 문화가 보이는 강박을 거부하는 것이 어렵거나 불가능하다고 생각지는 않는다. 오히려 여자들 대부분에게 그런 인공미를 거부할 의지가 없다는 점이 문제다. 미디어가 끊임없이 우리 몸에 대한 자기혐오를 심어주고, 날씬하지 않으면 우울증이나 생명을 위협하는 병에 걸리기 쉽다거나 사랑을 찾기 어렵다고 위협하는 한, 집단적인 봉기는 지속될 수 없다. 최근 페미니즘의 가장 활발한 활동은 여성으로 하여금 생명의 위협을 감수하게 하는 미의 기준에 반발하는 것이다. 슬프게도 이렇듯 여성 신체에 대한 자기혐오가 초대한 섭식장애가 주목받고 있음에도 페미니즘 정치학의 옹호자였던 많은 여성이 전통적인 여성 혐오적 미의 기준들(주로 과하게 체중을 줄이거나 날씬함을 강조하는 것)을 버리지 않았다. 미디어를 통해서만 페미니즘 이론과 실천을 접한 여성들은 페미니스트라면 여성의 외모를 향한 찬사에 격렬히 반대할 것이라고 단순하게 생각한다. 하지만 현실에서 페미니즘이 여성들에게 요구한 것은 건강하고 긍정적이며 지나치게 시간을 소비하지만 않는다면 외모 꾸밈과 미적 관점을 수용하라는 것이었다.

그런 변혁은 여성들의 태도와 습관을 바꾸는 데 실패했다. 기껏해야 패션산업에서 발이 아프거나 변형되지 않을, 예쁘면서도 편안한 여성화에 대한 수요를 키운 정도였다. 패션에서의 혁명은 가능했다. 하이힐과 스틸레토힐은 결국 다시 유행했지만 대부분의 여성은 편안하면서도 보기 좋은 신발을 살 권리를 행사했다. 하지만 페미니즘 이후에도 여전히 많은 여성이 큰 발을 여성스럽지 않다고 여겼다. 여자들은 대부분 너무 작은 치수의 신발을 샀고, 고통스럽게 걷거나 아예 걷지 않으려 했다. 땅에 발을 딛고 살도록 태어난 우리가 스스로를 사랑하려면 우선 발을 편안하게 하고 바로 서야 하는데, 여성들은 자신의 발을 사랑하는 데 대부분 실패하고 말았다. 초기 페미니즘 운동은 조금도 움직일 수 없게 만드는 여성 억압적인 구두와 여성의 발에 주목했다. 여자들은 자신의 발 건강에 신경 쓰는 것이 얼마나 중요한지 기억해야 한다.

우리는 의상 디자이너보다 구두 디자이너에 대해서 더 잘 모른다. 여전히 대부분의 여성복은 진짜 여자들의 환상을 구현하지도, 여성의 요구에 부합하지도 않는 옷에 매혹된 남성 디자이너들이 만든다. 게다가 성차별자 여성들은 우스꽝스러운 옷을 만든 성차별자 남성의 환상에 기꺼이 응했다. 〈섹스 앤 더 시티〉와 같은 드라마에서 젊고 전문적인 여성은 극도로 '여성스럽고'이고 노출이 심한 옷을 입고 등장한다. 이렇듯 젊고 유능한 여성들은 스틸레토힐과 목선이 깊이 파인, 몸에 딱 붙는 옷을 입고 있다. 불행히도 이런 이미지들이 유행을 만들어낸다. 긍정적인 부분이 있다면, 몇

몇 패션 잡지가 이제 의상들을 혼합해서 보여준다는 점이다. 실용적이면서도 아름답고 우아한 옷들이 완전히 비실용적이어서 때로는 우스꽝스러워 보이는 옷들과 함께 전시된다. 중요한 건 이제 여성에게 선택권이 있다는 것이다. 스스로를 더 사랑하게 될수록 우리는 몸의 개성을 부각시키는 선택을 할 수 있다.

여성 신체에 대한 무조건적인 확신과 관용, 존중을 확보하려던 페미니즘 혁명은 실패했지만, 여자들이 자신의 몸을 사랑하는 법을 배울 수 있는 문화적 토대를 만들기 위해서는 이 프로젝트를 되돌아보는 것이 중요하다. 페미니즘 혁명은 멋진 스타일과 취향, 건강한 몸을 가진 여성들의 이미지를 보여주는 패션 잡지들과 함께해야 한다. 몸집이 크고 건강한 여성의 몸이 가진 육감적이고 매혹적인 아름다움을 긍정하는 《모드》와 같은 잡지도 존재한다. 섭식장애에 대해 한탄하고 공포감을 조성하는 것은 대부분의 여자들이 가진 미의식을 바꾸는 데 거의 도움이 되지 않는다. 매일 식단을 조절하고, 배고픔을 참거나 깨어 있는 시간의 절반을 운동에 쓰며 날씬한 몸을 유지하려고 하는 여성들도 말로는 섭식장애에 반대한다고 한다. 여자들에게 우리의 몸을 있는 그대로 사랑하라고 말하면서 적게 먹고 끝없이 다이

어트를 해 가냘픈 몸을 숭배하는 페미니즘 사상가들이 있다면, 그들의 말보다 행동의 영향력이 더 클 것이다. 이런 노골적인 모순은 꼴사납다.

날씬해야 한다는 생각과 여성의 몸에 가해지는 혐오를 내면화한 여자들의 집착을 남자들의 탓으로만 돌릴 수는 없다. 종종 여성은 자신을 포함해 다른 여성들을 한없이 잔인하게 평가하는 신체적 파시스트가 된다. 우리는 패션 잡지를 보거나 남자들의 시선을 느끼기도 전에, 가정 안에서 가혹한 신체적 수치심을 학습한다. 여성의 신체적 이미지에 대한 이런 죄악은 엄마, 할머니, 자매 그리고 다른 여자 친척들에 의해 가장 흔히 자행된다. 집에서 가부장적 권력을 가졌던 아빠는 여섯 딸 중 누구에게도 외모에 대해 지적하지 않았다. 우리가 어떻게 보여야 하는지 설파하고, 자신이 정한 기준에 우리가 위배되는 모습을 할 때 그것을 곧바로 지적하고 우리를 질책한 건 바로 엄마였다. 엄마는 딸들의 외모가 자신의 가치와 위신을 나타낸다고 생각했다. 우리가 예쁘게 보이지 않는다면 곧 엄마 자신이 예쁘게 보이지 않는다는 뜻이었다.

엄마들의 딸 양육에 대해서는 충분한 연구가 행해지지 않았다. 가부장제 내에서 사회화된 여성이 다른 여성에게 경쟁자로서 잠재적 위협으로 존재한다면, 그런 사고가 모녀 관계를 어떻게 형성하고 영향을 미치는지를 살펴야 한다. 연구 결과를 보면 어린 소녀들은 사춘기가 시작되기 전까지는 자신의 몸을 건강한 것으로 생각하고 긍정한다. 사춘기와 함께 세뇌의 과정이 시작되어 소녀들은 자기 몸을 두려워하게 되고 자신의 몸을 사회에서 용인되는 바람직한 모습으로 바꾸려고 한다. 미디어와 또래집단뿐 아니라 부모가 바로 이 세뇌의 주체가 된다. 호모포비아의 영향을 받은 부모들은 거칠 것 없고 에너지 넘치는 여성의 신체에 성차별적인 여성의 전형을 심어주려 한다. 더 힘이 센 가부장제와 결탁한 부모들, 특히 비난받기를 두려워하는 엄마들은 자신의 딸이 전형적인 방식으로 예뻐지는 데 관심을 갖게 만들려고 노력한다.

사춘기 여자아이들이 외면의 아름다움에 집중하는 데에는 내면의 변화를 은폐하려는 의도가 얼마간 숨어 있다. 이런 변화는 종종 자기혐오의 토대가 되었다. 어릴 때는 자기 자신을 사랑했던 여자아이들은 사춘기에 접어들면서 깊은 자기혐오에 빠진다. 페미니즘이 어느 정도 긍정적인 변화를 이끌어내기는 했지만 소녀들은 대부분 여전히 월경이 시작되면 수치심과 공포, 혐오의 감정을 경험한다. 그들은 월경 때문에 자신이 따돌림당하거나 놀림당하거나 경멸받을 수 있다고 여겼다. 월경과 관련된 광고는 자신의 이미지를 심각하게 손상시키는 이 시기가 위험하다는 여성들의 인식을 더욱 강화했다. 철저한 보호만이 자신을 지킬 수 있는 방법이었다. 게다가 소녀들은 이미 생리를 시작하기도 전에 자신의 성기를 혐오하도록 교육받는다. 낸시 프라이데이의 말처럼 이런 자기혐오는 "어머니에서 딸로 대대로 전승되는 생식기에 대한 공포에서 시작"되는 것이다. 그런가 하면 딸이 자기 신체를 혐오하지 않도록 키우려는 여성은 종종 여성의 신체에 대해 부정적인 생각을 부추기는 다른 부모나 학교 관계자들과 갈등을 겪기도 한다.

내 친구 한 명은 다섯 살짜리 딸에게 '너의 성기에는 놀라운 힘이 있다'고 이야기해주었다. 그러나 딸이 그 이야기를 자기 친구들에게도 해주기 시작하자 그녀는 혼란스러워했다. 텔레비전의 주요 시간대에는 벗은 몸과 성적 행위에 대한 시각적 묘사가 넘쳐나지만, 여전히 부모들은 대부분 공개적인 곳에서 여성의 성기에 대해 이야기하는 것을 금기시한다. 이에 비하면 배변 훈련 때 이미 성기에 대한 긍정적 인식을 교육받은 남자아이들의 경우는 훨씬 낫다. 〈섹스 앤 더 시티〉의 한 에피소드에는 여성이 자신의 성기에 대해 느끼는 공포와 당혹스러움이 잘 묘사되어 있다. 성적인 모험을 즐기고 자유분방한 서맨사와 캐리가 보수적이고 고지식한 친구 샬럿에게 성기를 거울에 비춰보게 하자 자신의 성기가 추하다는 샬럿의 인식은 바뀐다. 샬럿은 눈을 크게 뜨고 자신의 은밀한 부위를 보며 놀라움과 경외심을 가진다. 다른 에피소드에서 샬럿은 자신이 성기 그림의 모델이 되어 자기 몸을 기념하고 축복한다. 이 긍정적 묘사가 모든 여성 신체의 축복과 관련될 수 있다면, 〈섹스 앤 더 시티〉는 꽝장히 급진적인 프로그램일 수 있다. 하지만 우리의 전반적인 문화와 마찬가지로, 이 프로그램 또한 여성들에게 모순적인 메시지를 전달한다. 네 몸을 사랑해라. 하지만 네 몸이 날씬함과 아름다움을 유지할 수 있도록 늘 굶주려야 한다.

여성의 성기에 대한 혐오와 생리혈을 흘리는 모습이 날씬함에 대한 여성의 집착과 연결되어 있음을 우리는 이전 그 어느 때보다도 강렬하게 인식한다. 거식증에 걸린 여성의 몸은 종종 생리를 멈춘다. 자신의 성기를 건강과 즐거움, 아름다움의 장소로 긍정하며 자란 여성들의 이야기는 여성이 자신의 몸에 대한 부정적 태도를 바꿀 힘이 있다는 것을 보여주는 가장 좋은 증거다. 낸시 프라이데이는 월경에 관한 모든 여성들의 인식을 바꾸는 전면적인 캠페인을 해야 한다며 이렇게 말한다. "우리는 딸들에게 모든 걸 해낼 수 있다고 믿으라고 하는 동시에 생리에 관해서는 비참함을 느끼게 한다. (…) 나는 피 흘리는 몸에 대한 인식보다 더 여성들을 억제하는 신체적 장애는 없다고 생각한다." 여성 신체와 성기에 대한 태도 변화는 초기 페미니즘의 주된 논의 주제였다. 그러다 많은 이가 생리가 멈춘 삶의 단계로 넘어가면서 태도를 긍정적으로 바꾸는 작업이 꽤나 간단하다는 것을 깨닫자 논쟁은 사그라들었다.

하지만 이런 주제에 대해 그때보다 더 잘 알게 된 지금도 다를 게 없다는 사실은 때로 두렵고 비극적인 아이러니로 다가온다. 페미니즘은 긍정적이고 생명을 중시하는 풍토를 일궈냈지만, 지속적인 의제가 되게 하거나 여성 신체를 긍정하도록 가르치는 문화 전반적인 노력으로는 연결하지 못했다. 실제로 많은 여성은 페미니즘이 긍정적 영향을 가져오지 못했다고 느낀다. 그러나 여성의 신체에 대한 자기혐오나 생명을 위협하는 섭식장애, 위험한 성형수술 등이 우리의 신체적 건강을 위협한다는 인식을 문화적으로 전파한 것은 다름 아닌 페미니즘이다. 이런 문제에서는 단지 문제를 인식하는 것만으로는 해결될 수 없다는 사실을 많은 사람이 쉽게 간과한다. 여성의 신체에 대한 자기혐오 문제를 해결하기 위해 우리는 성차별적 사고를 적극적으로 비판하는 동시에 우리 자신을 새롭게 바라보고 새로운 이미지를 만들어낼 필요가 있다.

문제가 더 널리 인식되는 현상은 종종 문제가 개선되고 있다는 환상을 불러일으키기도 한다. 이것은 단지 문제가 너무 널리 퍼져 더 이상 숨겨지거나 무시될 수만은 없다는 뜻일 때가 많다. 섭식장애에 대한 사회적 인식과 경고에도 날씬한 몸을 유지하려는 어린 소녀들은 갈수록 늘고 있으며 섭식장애도 더 흔한 증상이 되고 있다. 내게 거식증을 벗어나기 위해 겪어야 했던 고통과 두려움을 이야기해준 소녀들은 대개 깡마른 몸을 가지고 있다. 우리는 더 이상 날씬함이 매력이라는 인식을 문제 삼지 않는다. 여기서 모순은 명백하다. 만약 날씬한 게 자연스러운 상태라면 굶을 필요도 없을 것이다. 체중 조절에 대한 강박은 일반적으로 체중이 늘어나는 것에 대한 두려움의 반응이다.

나이가 들면 대개 체중이 늘곤 한다. 그러면서 많은 여성이 날씬함에 대한 집착을 버리고 생각을 바꾸는 것은 우연이 아니다. 이 시기에 여자들은 자신의 삶을 형성하는 가치들을 재평가하고 비판적으로 생각하기 시작한다. 성공적으로 나이 들어가는 여자들은 훨씬 예민하게 성차별을 감지하고, 그것에 도전하기 위해 중년의 가정과 직장에서 해야 할 일들을 알게 된다. 내 경우에도 그랬지만, 어떤 시기에는 남자에게 매력적으로 보이기 위해 체중을 줄일 필요가 있다고 말하다가 나중에는 그런 인식을 비판하게 된다. 단적으로, 내가 거식증 환자처럼 마르고 섭식장애가 있었을 때보다 건강함을 매력적이고 유혹적인 것으로 보기 시작하고 미의 가장 중요한 신호로서 건강해지기로 결정했을 때 파트너를 훨씬 많이 만났다. 제닌 로스도 같은 통찰을 보여준다. "체중은 내 인생에서 사랑의 질에 그 어떤 영향도 주지 않았다. 평생." 그런데도 날씬함이 자신을 더 섹시해 보이게 하고 사랑받을 가치가 있게 만든다는 세간의 인식에 초연하기란 물론 쉽지 않았다.

미디어는 자신을 있는 그대로 사랑하는 여자들의 이야기보다 자신의 신체를 혐오하는 이야기를 전하는 데 훨씬 더 관심이 많다. 잡지에서 우리는 나이 들어가는 여성들의 살집 있는 모습보다 사춘기 소녀에 가까워 보일 정도로 제 나이보다 어려 보이는 나이 든 여성들의 신체 사진들, 그리고 그들이 체중을 유지하기 위해 하는 운동과 식이요법에 대한 기사들을 훨씬 자주 접한다. 우리는 모두 몸에 살을 지니고 있다. 우리 모두가 그 살을 사랑한다고 말할 수 있었으면 좋겠다. 우리 중 대부분은 그저 포기하고 부정적인 수용의 과정에 동참한다. 아까 말했듯 여성 개개인은 자신의 외모와 몸무게를 좋아하지 않지만, 더 이상 관습적이고 성차별적인 미적 기준에 따라 자신을 바꾸려고 노력하지 않음으로써 불안과 스트레스를 덜 받는 쪽을 택한다. 하지만 그렇다고 해서 곧장 스스로를 사랑하는 것은 아니다. 우리 자신의 몸을 부정하면서 사랑할 수는 없다.

사랑에 기초한 가치체계가 없다면 여자들은 계속해서 외모를 자기존중의 주된 요소로 여길 수밖에 없다. 스스로를 사랑하는 법을 배운다는 것은 여성의 신체를 향한 부정적 태도에 대해 다시 생각하는 작업을 포함한다. 사랑을 통해 우리는 건강한 몸을 찬양하고 미와 찬사를 적절한 관점으로 되돌릴 수 있다. 여성이 사랑에 대한 탐험의 방향을 자기 자신의 몸으로 돌린다면, 몸에 대한 사랑과 자기애의 관계를 명료하게 깨달을 수 있을 것이다.

신체에 대한 관념을 긍정적으로 바꿀 수 있는 힘이 여성들에게 있다는 사실을 인정하지 못한다면 우리는 언제까지고 사랑을 찾지 못할 것이다. 누군가가 우리를 사랑해도 우리 자신이 자기혐오에 갇혀 있다면, 그 사랑은 우리에게 도달하지 못할 것이다. 그럴 경우 그 사랑에 의문을 표하고 평가절하하면서, 니키 지오바니의 「여자의 시」 속 화자처럼 이렇게 선언할 것이다. "저 바퀴벌레보다 하찮은 너를 신경 쓸 필요 없어i ain't shit you must be lower/ than that to care." 자연스러운 아름다움을 긍정함으로써 우리는 인위적인 것에 의존하지 않을 수 있고 몸에 대한 자존감을 보호할 수 있다. 화장하지 않고서는 다른 사람 앞에 서지 못하는 여성들을 생각해보자. 그들이 어떤 감정을 느끼며 파트너와 밤에 잠자리에 드는지 궁금하다. 자신의 진짜 모습을 누군가 본다는 것에 대해 은밀한 수치감을 느낄까? 아니면 자신의 진짜 모습이 비밀스러운 방식으로만 축복받거나 사랑받는다는 사실에 분노를 느끼면서 잠들까? 몇 년간 나는 화장을 전혀 하지 않았다. 그러다가 40대에 립스틱을 바르기 시작했고, 그때부터 아이처럼 즐거워하며 계속 화장을 했다. 그러다가도 립스틱을 바르지 않으면 칙칙해 보이거나 생기를 잃는다고 느낄 때면 즐거움은 사라졌다. 나는 립스틱을 바르든 바르지 않든 내 모습에 만족하고 싶었다. 내 인식을 통제할 수 있는 유일한 사람은 나였다. 양쪽 태도를 모두 긍정할 수 있는 이 역시 나였다.

모든 여성은 자신의 몸을 있는 그대로 좋아해줄 파트너를 만나고 싶어 한다. 우리는 상대가 나에게 무조건적인 포용과 확신을 주기를 바란다. 특히 어린 시절 가족에게서 말고는 절대 인정받지 못했다면 더더욱 그렇다. 우리는 자신이 신체적인 존재로 받아들여지기를, 있는 그대로 사랑받기를 원한다. 심지어 스스로도 인정하지 못하면서 말이다. 그건 최악의 자기파괴 방식이다. 우리는 타인에게 기대하듯 있는 그대로 자신을 인정함으로써 '우리 자신이 있는 바로 그곳에서 사랑을 시작'할 수 있다. 스스로 자신의 삶을 사랑할수록 다른 사람 역시 그 너그러움을 축복할 것이다. 여성의 몸을 사랑함으로써 우리는 그것을 토대로 자신을 향한 더 깊은 관계를, 마음과 몸과 정신을 잇는 사랑의 관계를 만들 수 있을 것이다.

9장 **엄마와 딸이 자매가 된다면**

사랑을 탐색하는 여자들은 대부분 자신의 가치를 알고 싶어 한다. 스스로를 가치 없다고 생각한다기보다 단지 자신이 느끼는 바를 믿지 못하는 것이다. 어렸을 때, 나는 내게 멋진 점이 많다고 생각했다. 그래서 내가 멋지고 근사하다고 믿었던 내 모습이 부모님, 특히 엄마의 눈에는 혐오스럽고 의심스럽게 보인다는 사실에 나는 끝없이 놀랐다. 엄마는 모순으로 가득했다. 어느 날은 책 읽기를 좋아하는 나를 조롱하며 책을 모두 치우겠다고 협박하고, 다른 날은 내 독서 취미를 자랑스러워해서 나에게 수치심과 굴욕감을 줬다.

앤드리아 드워킨은 『삶과 죽음』에서 엄마가 종종 자신에게 "너를 사랑하지만 너를 좋아하지는 않는다"라고 했다고 말한다. 계급과 인종을 막론하고 많은 여성이 엄마에게 이런 말을 들었다고 증언한다. 엄마의 이런 말은 딸들로 하여금 자신이 뭔가 크게 잘못되었다고 느끼게 만든다. 드워킨은 다음과 같이 회상한다. "엄마는 내 내면의 삶을 비난했다. 엄마는 내가 거만하다고 생각했고 특히 내가 내 생각을 높이 평가하는 걸 싫어했다. 내가 스스로에 대한 생각을 지키려고 하면 엄마는 내가 자기를 반역한다고 생각했다. 내 생각을 엄마한테 말하면 엄마는 내가 반항적이며 사악하고 고약하고 타락했다고 했다. 엄마는 내가 자신보다 똑똑하다고 생각하면 종종 나를 비난했다." 거만하다는 이유로 엄마에게 비난받은 재능 있는 여성들의 증언은 수도 없이 많다. 우리 엄마 역시 내가 자신보다 똑똑하다는 생각을 하는 것 같다 싶으면 계속해서 나를 책망했다.

페미니즘 연구는 충실한 딸, 아내, 엄마의 역할을 하느라 재능을 억눌린 여성들이 분노에 차 있다는 사실을 확인시켜주었다. 논리적으로는 자기계발에 좌절한 여성들이 딸의 자아실현에 감동할 것 같지만, 그들은 종종 자신의 자존감이 약화되는 것을 느끼며 순수한 경쟁심이나 분노를 표출했다. 최악의 경우 이 모녀간의 전쟁은 실제로 부모가 딸의 영혼을 말살해, 딸의 재능이 절대 발현되지 않게 자존감을 조직적으로 파괴하는 행위로 이어진다.

가부장적 사고는 모녀간의 경쟁이나 딸의 반항을 정상적인 것으로 여기게 만든다. 운 좋게도 교육을 받아 자존감이 손상되지 않았거나 성장을 장려해주는 가정에서 자라나 미래를 준비할 수 있었던 진보적인 페미니스트 엄마들은 딸의 성장을 깎아내리거나 경쟁하지 않고 멋지게 키워낸다. 그들의 경험은 모녀 관계에서 자연스럽게 질투와 경쟁심이 나타난다는 고정관념을 정면으로 반박한다. 스스로를 사랑하는 소녀 집단이 존재할 때 여성의 정신은 고양된다. 그들 개인이 보여주는 힘은 짜릿하고 멋지다. 그들은 마치 강렬하고 묵직한 향이 퍼지듯 힘을 분출한다. 이런 힘이 퍼지면 관습적인 성차별적 사회질서는 쉽게 무너질 것이다. 이 소녀들이 어른이 되면 공적으로 자신의 이야기를 할 것이다. 자신을 지지하고 긍정하고 지속적으로 보살펴준 엄마에 대한 기억은 모녀간의 증오와 갈등에 대한 기존의 이미지에 도전하는 대항서사가 될 것이다.

엄마와 딸 사이의 추한 경쟁과 갈등은 단지 성인 여성의 성장과 자아실현을 억누르는 성차별적 억압의 결과만은 아니다. 수많은 재능 있고 열정적이고 성공한 여성이 자신의 딸과 무정하고 잔인한 방식으로 경쟁한다. 성공한 엄마와 딸 사이의 관계에 대한 무서운 이야기는 아주 많다. 작가 캐스린 해리슨의 회고록『키스』에서 사람들은 대체로 아버지와 딸 사이에 합의된 성관계에 대한 관심을 쏟았지만, 책의 전개에서 정말 충격적인 이야기는 해리슨과 엄마 사이의 강렬한 경쟁구도였다. 지넷 윈터슨의『오렌지만이 과일은 아니다』에서 노동계급이었던 작가의 엄마는 책에 대한 딸의 열정에 벌을 준다. 딸은 자신이 모은 책들을 엄마가 찾아낼까 봐 걱정한다. 그리고 우려대로 "어느 날 엄마는 정말로 책들을 찾아냈다. 그러고는 몽땅 불태웠다."

어떤 사람들은 자신의 엄마가 자기를 키운 것과 마찬가지 방식으로 자기도 아이를 키우는 것이라고 항변할 것이다. 그렇게 성차별적 사고는 계속해서 주범이 된다. 특히 자신에게 없는 것을 가진 상대를 파괴하려는 이 부정적이고 경쟁적인 충동은 일반적인 여성들 간 상호작용뿐 아니라 모녀간의 관계 또한 특징짓는다. 성공한 여성들과 딸 사이의 경쟁은 흔히 나이 드는 것에 대한 성인 여성의 두려움에 근거한다. 아무리 재능 있고 에너지 넘치는 여성이라 할지라도, 성차별적 규범은 계속해서 그녀가 나이 들어감에 따라 자신의 가치를 낮게 평가하게 만든다. 그렇게 재능 있고 성공한 매력적인 여성은 성차별주의가 만들어낸 생각, 즉 딸이 자기보다 재능이 부족하고, 성공하거나 매력적이지 않더라도 젊다는 이유만으로 자신을 '이긴다'는 생각에 위협을 느낀다.

불안정한 젊은 시절, 나는 젊음이 자본이라는 생각을 하지 못했다. 흔들리는 내 자존감은 젊음을 짐으로 여겼다. 나이가 들면 더 명석해지고 자신감이 생길 거라는 생각에 나는 어서 나이 들고 싶었다. 중년으로 접어들면서, 나는 문득 젊은 여성의 신체가 가부장적 문화에서 가지는 권력에 대해 깨달았다. 물론 머리로는 알고 있었지만, 그걸 경험적으로 그리고 본능적으로 깨닫는 건 다른 문제였다. 솔직히 말해서, 다시는 그런 싱싱하고 젊은 에너지를 갖지 못한다는 깨달음은 충격적이었다. 나는 나이 든 남자들이 더 어린 여성을 원하는 이유 중 하나가 자신들에게는 영원히 오지 않을 그 에너지를 빨아들여 흡수하기 위해서라고 확신한다. 명백히 낮은 자존감을 가지고 나이 든 여성들은 그런 젊음의 에너지를 완패의 상처로 받아들인다. 그리고 불안정한 엄마들은 이 젊음 가득한 여성성이 역동적으로 모습을 드러내는 것을 보며 자신의 개성과 정체성이 정면으로 공격당한다고 여긴다.

모녀 관계에서의 심각하고 잔인한 증오는 오늘날 여러

회고록에서 거듭 묘사된다. 많은 독자가 캐스린 해리슨의 회고록 『키스』에서 부녀간의 자발적 근친상간에 충격을 받았지만, 나는 저자가 어머니에 대해 느끼는 강렬한 증오심에 더 충격받았다. 비극적이게도 모녀간의 증오와 경쟁심이 청소년기의 딸로 하여금 아빠의 부적절한 접근을 묵인하게 한 동기가 된 듯했다. 엄마와 외할머니와 한 집에서 자랐던 어린 시절을 회상하면서, 해리슨은 자신의 진짜 감정을 숨기는 법을 배웠다고 고백한다. "당시 배운 여자들 사이의 전쟁과 까다롭고 불안정한 동맹은 그런 교훈을 강화했다." 자신이 겪었던 섭식장애에 대해서는 이렇게 이야기한다. "거식증은 나 자신을 지워버리고 엄마의 이상에 나를 맞추려는 시도에서 시작되었지만 마음 깊은 곳의 더 은밀하고 지속적인 유혹은 엄마를 추방하는 것이었다. 거식증은 만족될 수 있지만, 엄마는 만족시킬 수 없었다. 그래서 나는 엄마를 이 병과 바꾸었다. 병은 특유의 방식으로 속죄와 고행에 대해 보상해주었고 엄마를 쓸모없는 존재로 만들어주었다." 이 책에 대한 서평들은 하나같이 사회 통념에 반하는 아빠와 딸 사이의 '로맨스'에 대해 열을 올려 왈가왈부하면서 놀랍게도 엄마에 대한 해리슨의 극악무도한 증오는 '정상'으로 여긴다.

해리슨은 엄마에 대한 자신의 증오가 엄마의 무시와 무관심에 대한 정당한 반응이라고 회고했다. 그러나 아버지는 그녀를 무시하고 학대했음에도 결코 그녀의 전적인 분노와 경멸, 멸시의 대상이 되지 않았다. 여성들은 쉽게 서로를 향해 분노를 표출한다. 반면 남성을 겨냥한 분노는 앙갚음당할 수 있는, 더 위험한 것으로 여겨진다. 해리슨의 엄마는 지속적이고 인정 넘치는 보살핌을 바라는 딸의 요구에 응답하지 않았다. 엄마들은 이렇듯 모순적으로 행동했지만, 우리 모두가 그에 대해 분노와 증오로 경쟁하지는 않는다. 페미니즘 사상가 나오미 울프는 회고록 『난잡함』에서 그녀와 자신의 동료들이 "엄마에 대한 성적 경쟁심을 계속 키워온" 것을 자연스럽게 느껴왔다고 말한다. 최근의 자서전 『흑인, 백인, 유대인』에서 리베카 워커는 작가인 자신의 엄마에게서 온전한 관심을 얻기 위해 '명예'의 세계에서 경쟁하려 했던 자신의 절박한 바람을 드러내기도 했다.

나는 학문적으로 성공한 엄마를 갖고 싶어 했던 내 청소년기를 돌이켜보았다. 엄마가 예술적 발전의 격류에서 나를 인도해 항로를 알려주었으면, 적어도 함께 대화할 수 있으면 어땠을까 상상했다. 이런 모녀 관계에 대한 환상은 소위 '유명한' 엄마의 딸들을 만나면서부터 산산조각 났다. 한 유명 예술가의 딸인 내 친구는 나를 어머니의 전시 오프닝에 초대했는데, 어머니가 자신을 메이크업실로 보내며 '구질구질한 모습으로' 오지 말라는 당부와 함께 친구를 데려와도 좋다고 했다는 이야기를 해줬다. 유명한 사상가이자 작가인 딸은 순순히 엄마의 요구에 따르며 그녀를 만족시키는 동시에 그녀의 심기를 거스르지 않으려 애쓰고 있었다.

　내가 만나본 엄마들은 위험할 정도로 경쟁적이거나 주도면밀하게 딸에게 무심했다. 엄마의 관심과 인정에 목마른 딸들은 종종 정서적으로 나약했고 관계에서나 일에서 자기 자신을 위해 확실한 결정을 내리지 못했다. 놀라운 건 이렇게 성공한 엄마 중 다수가 페미니스트라는 사실이다. 그들은 남성의 성차별주의를 신랄하게 비판하면서도 여성에 대한 성차별적 관념이 딸이나 다른 여성에게 미치는 역할에 대해서는 눈이 멀어 있었다. 그들은 딸이 어릴 때뿐 아니라 여성으로 성숙할 때까지 잔인하게 대했고, 딸들은 상처받았다. 페미니즘이 강성일 무렵, 자신의 성공에 같은 여자들이 보인 반응에 대해 소설가 에리카 종은 이렇게 회상했다. "나는 굉장히 똑똑한 여성들이 내 성공을 신랄하게 비판하는 데 깜짝 놀랐다. (…) 다른 여성을 공격하는 페미니스트들은 엄청나게 많다! 여성이 세상을 바꾸고자 한다면 먼저 자신부터 바뀌어야 한다. 그간 학습해온 경쟁심을 떨치고 진정한 자매애를 배워야 한다."

여성 간 질투는 언제나 난폭한 분열을 초래했다. 백설공주나 헨젤과 그레텔 이야기를 처음 들었을 때를 기억 못하는 사람은 없을 것이다. 더 나이 많고 권력을 가진 여성이 순진한 소녀에게 품는 증오에 우리는 얼마나 당황했던가? 도대체 왜 계속해서 '누가 가장 예쁘지'라며 경쟁해야 하는지 궁금해했던 기억이 난다. 부모는 음식을 먹는데 왜 헨젤과 그레텔은 굶주렸는지도 이해하기 어려웠다. 그리고 나쁜 아내/계모가 아이들을 쫓아내는 데 동의하는 아빠는 또 어떤가? 우리에게 큰 영향을 미친 동화에 관한 여성들의 에세이 모음집에 수록된 「신뢰」라는 글에서 편 쿠퍼는 경쟁적이고 사악한 계모에 관한 이야기가 자신의 무의식에 미친 영향을 강조한다. "학대당한 신데렐라, 고립된 라푼젤, 엄마 없는 백설공주…… 내가 소녀 시절 읽었던 동화에서 나를 가장 무섭게 한 건 어떤 보호도 지원도 없는 세계에서 엄마없이 사는 아이들의 이야기였다." 그런 이야기는 소녀들에게 여성 간 관계, 어린 여자와 나이 많은 여자 사이의 관계의 성질에 대한 편견을 주입한다. 쿠퍼는 만약 계모에게 친딸이 있었다면 계모가 그녀를 어떻게 대했을지 상상해보았다. 그 질문에 대한 대답이 그녀의 삶을 이끌었다.

백설공주 이야기를 현대적으로 재현한 영화 〈스노 화이트〉에서 시고니 위버가 멋지게 연기한 계모는 몹시 예쁘지만 그 미모가 충분하지 않아 논란이 되었다. 그리고 영화에서 의붓딸은 이미 새 부모에게 기회를 주지 않기로 마음을 먹었다. 이 영화는 여성이 서로에 대해 가진 증오를 상호적인 것으로 만들어놓았다. 서로를 불태우거나 생매장하려는 등 잔인한 행위는 너무나 생생해서 보기 고통스러울 정도다. 나이 차이가 나는 여성 간 경쟁에 대한 많은 이야기에서 어려움을 헤쳐나가는 힘으로 젊음이 강조되고 결국 여성 간의 사랑은 사라진다. 모든 것이 불타버리고 질투라는 악취만 남는 것이다.

페미니즘이 단순히 그것을 선언하는 것만으로 충분한 일이 되기 이전에 여성들은 의식화 모임에 참여함으로써 내적 변화를 거쳐 페미니스트가 되곤 했다. 모임에서 여성들이 둘러앉아 남자들을 욕할 거라는 모두의 근거 없는 전형적 믿음과 달리, 이런 모임은 대부분 우리가 자신과 다른 여성들을 어떻게 보고 어떻게 행동할 것인가를 이야기하면서 시작된다. 우리는 다른 여성에 대한 자신의 두려움과 증오를 솔직하게 고백하고 질투의 정치 등에 맞서 싸우는 법을 이야기한다. 다른 이들을 바라보는 성차별적 방식을 비판하고 바꾸는 것이 페미니스트가 되는 과정의 일부다. 자매애는 생리, 외모에 대한 집착, 남자를 욕하기 등 단순히 무언가를 공유하는 것만을 의미하지 않는다. 자매애는 불만이 있거나 스스로가 희생자라고 느낄 때뿐 아니라 언제든 서로와 자기 자신을 돌보는 방법을 배우게 한다.

누군가에게 문제가 생기거나 모두가 공유하는 문제가 생겼을 때 서로 공고한 결속을 유지하기란 그리 어렵지 않다. 하지만 다른 여성의 성공을 인정하기란 페미니스트라고 주장하는 우리에게조차 어려운 일이다. 소녀 시절부터 여성들은 서로를 감시하기 위해 따돌림, 배척, 회피 등 폭력적인 전략을 사용하도록 배운다. 여러 연구에 따르면 남자아이들의 경우 질투에 근거해 경쟁적으로 갈등 관계를 맺고 싸우더라도 장기적인 폭력적 전략을 써서 관계를 '냉각'시키는 일은 거의 없다. 여자아이들은 종종 끝까지, 서로를 상징적으로 살해하는 단계까지 경쟁한다. 이런 근원적인 여성 혐오는 성인이 되어서까지 계속된다. 오직 한 명의 여성만이 승자가 되거나 간택될 수 있다는 동화의 논리에 기반을 둔 여성 혐오라고 볼 수 있다. 마치 가부장제의 시선 아래서 여성은 결핍된 존재이며 오직 경쟁을 통해서만 가치를 인정받을 수 있다는 것과 같다.

한때 여성은 스포츠를 배우지 않기 때문에 남성과 달리 건강한 경쟁에 참여하는 법을 모른다고 여겨졌다. 그러나 여성에게 경쟁적 스포츠 경기를 가르쳐본 코치들은 주로 팀원들의 의견이 모이지 않을 때 문제가 생겼으며, 그럴 때 소통이 특히 폭력적이었다고 이야기했다. 작가로서 나는 비슷한 경우를 많이 봐왔는데, 한 여성이 동료 여성들보다 미디어의 조명을 더 많이 받는다고 여겨질 때면 미디어가 아니라 그 여성이 끔찍이 공격당했던 것이다. 만약 그녀가 글을 왕성하게 쓴다면 그녀보다 글을 덜 왕성하게 쓰는 여성은 그녀를 끌어내리거나 그녀의 작업이 비슷하게 반복된다고 공개적으로 말할 것이다. 이런 사례는 수없이 많다. 특히 여성들은 예외적으로 출중하다고 여겨지는 다른 여성을 인정하거나 높이 평가하지 못하고 종종 상대가 가짜라는 혐의를 제기한다.

분명히 남자들은 다른 남자가 유난히 뛰어나거나 재능 있다는 사실을 더 잘 받아들일 수 있게 사회화되었다. 경쟁적 스포츠 세계에서 마이클 조던이 특출난 농구 선수라는 데 모두가 동의할 것이다. 그건 다른 재능 있는 선수들이 그를 이기기 위해 노력하지 않는다는 뜻이 아니다. 조던이 더 많이 득점했을 때 다른 선수들이 '사실은 조던이 별로 좋은 선수가 아닌데 단지 운이 좋았다'라는 식으로 말하지 않는 다는 뜻이다. 특출난 동성을 인정하지 못하는 여성들의 깊은 내면에는 자기 존재가 부정될 것에 대한 두려움이 있다. 한편으로 가부장적 문화의 여성들이 마주하는 것은 내가 '딕시컵 멘탈리티'*라고 완곡하게 표현하는 것으로, 여자들은 거의 다 비슷하므로 어떤 여자를 고르든 상관없다는 성차별적 사고방식이다. 이런 논리를 마주한 몇몇 여성은 다른 여성의 단점과 결핍을 지적하는 것을 경쟁의 방식으로 여긴다. 타인과 구별되는 우리의 개성은 가부장제에서(더 중요하게는 우리 삶의 남자들, 즉 아빠, 남자 형제, 그리고 이성애자의 경우 애인에게) 인식되지 않기 쉬우므로, 여성은 다른 여성 동료들의 가치를 깎아내리는 것을 자신이 특별한 관심을 받을 수 있는 유일한 방법이라고 여기는 것이다. 다른 사람을 낮추거나 무시하기가 자기만의 특수한 개성을 개발해내기보다 훨씬 쉽다.

여성으로서 자신의 개성을 개발해낼 때 우리는 자존감을 쌓아올릴 수 있으며 자기애의 기반을 닦을 수 있다.

*　　Dixie Cup mentality. 일회용 종이컵처럼 상대를 일회성으로 가볍게 만나고 헤어지려는 연애 심리.

이 주제에 대한 책은 많지만 나는 너새니얼 브랜든의 『자존감의 여섯 기둥』을 꼽고 싶다. 저자는 자존감을 위한 여섯 기둥으로 의식적으로 살기, 자아수용, 책임감, 자기확신, 목적의식, 그리고 진실성을 든다. 이 중에서 여성에게 특히 어려운 것은 자아수용인데, 브랜든은 그것을 "나 자신과 적대적인 관계 맺기를 거부하기"라고 정의한다. 일찍이 소녀 때부터 대부분의 여성은 자신이 뭔가 잘못돼 있고 그걸 고쳐야 한다고 여기도록 배운다. 근원이 무엇이든 간에 그런 생각은 성차별주의를 통해 지속적으로 강화되며 자기 자신을 적대시하게 만든다. 우리는 꾸준한 치유를 통해 자신에게 최악의 적이 되는 것을 멈추는 법을 배워야 할 것이다. 이때 브랜든이 사용한 '거부no'라는 표현은 중요하다. 여성은 자신의 가치를 부정하는 모든 것에 대해 거부할 수 있는 힘을 길러야 한다.

자기확신과 자아수용은 우리가 자신과 현실에 대해 부정적으로 평가하는 습관을 의식적으로 거부할 때 성취할 수 있다. 많은 여성이 나이가 한참 들어서야 자기를 사랑하기 시작하는 이유 중 하나는 이때 자신을 즐겁게 하는 것들에 대해 자유롭게 느끼기 때문이다. 베스 베나토비치의 인터뷰에서 여성들은 중년에 자기인정이 더 쉬웠다고 증언한다. 빌리 진 킹은 중년에 "드디어 원하는 것을 할 수 있게 되었고 (…) 그것은 자유와 같다"라며 기뻐한다. 엘리자베스 왓슨은 이렇게 주장한다. "당신이 믿는 것을 지지하라. 뭔가를 간절히 원했던 10대 시절로 돌아가보고, 나서서 그걸 구하라. 이제 누구도 무엇도 당신을 방해하지 않는 시간이 왔다." 오랜 시간 다른 사람을 즐겁게 해줄 뿐 자신을 내세우지 않았던 중년 여성들은 종종 자기비판을 시작하는데, 더 어렸더라면 그건 훨씬 더 어렵고 위험한 작업이었을 것이다.

이제 내 또래 여성들은 시간이 많지 않다는 것, 계속해서 새로 시작할 기회가 생기는 건 아니라는 사실을 알고 있다. 어떻게 중년에 대학 총장의 길을 가게 되었는지에 관한 연설에서 제인 저비스는 자신이 원하는 것에 무게를 둔 결정이 첫 번째 결혼을 끝내도록 해주었다고 말했다. 오랜 결혼 생활 후 더 어린 여자를 택한 남편에게 버림받은 중년 여성들은 종종 자기만의 정체성을 가지고 있지 않다는 현실에 부딪힌다. 바로 그렇기 때문에 중년기는 자기를 다시 창조하는 순간이 된다. 대학 때부터 절친하게 지낸 한 친구는 결혼한 지 20년도 지나 아이 넷을 키워내고 나서 이혼했고, 지금은 결혼 관계 안에서는 진작에 포기해야 했던 자신의 정체성을 찾고 있다. 자신을 찾는 일은 흥분되고 설레는 경험이다. 그녀는 여태 이토록 자유로워본 적이 없었다. 그리고 그건 신나는 동시에 두려운 일이다. 그녀는 뒤늦게 스스로를 사랑하게 되었지만 그 여정은 충만하고 다채로웠다.

가부장제 속 여성이 자신을 사랑하는 일에는 언제나 위험이 따른다. 여성은 스스로 부족하고 불안하고 특히 의존적이고 궁핍하다고 느끼고 행동할 때 더 많은 것을 얻곤 했다. 인정받고자 하는 심리적 욕구를 먼저 충족시키지 않는다면 여성은 언제나 결핍의 공간에 머무르게 된다. 이런 심리 상태는 그녀를 취약하게 만들고 종종 건강하지 않은 관계로 이끈다. 우리가 스스로를 사랑한다면, 관습적인 성차별적 기준을 따르지 않아 거부되거나 피해를 받더라도 만족감과 개인적인 힘은 높아져 우리를 지탱해줄 것이다. 보통 자기계발서와 심리치료는 자신을 사랑하는 행위가 삶을 더 행복하고 나은 것으로 만들어줄 것이라고 믿게 만든다. 그러므로 자신을 사랑하기로 한 선택 끝에 분노를 발견한 여자들은 큰 혼란에 빠지곤 한다.

나 자신을 진심으로 껴안으며 마침내 자아를 회복한 가장 달콤한 시기에, 그런 변화에 대한 주변 반응은 당황스럽게도 긍정적이지 않았다. 심지어 주변 사람들은 위기에 처해 제대로 먹지 않고 우울해할 때의 나를 더 좋아하는 것 같았다. 대학원에서 나는 언제나 모든 걸 다 가진 듯한, 아름답고 나보다 나이 많은 성공한 여성들에게 경외감을 느꼈다. 나중에야 나는 그들의 알코올중독이라든가 여타 자기 파괴적 습관에 대해 듣게 되었다. 그들이 심각한 문제를 가지고 있다는 사실을 알게 된 동료들은 긴장했던 시선을 느슨하게 풀었다. 그런 약점이 그들의 힘을 향한 증오를 약화시킨 것이다. 그들은 동정의 대상이 되기도 했다. 모든 것을 가진 그들이 건강하기까지 했더라면 분명 시샘과 잔인한 공격의 대상이 되었을 것이다.

남자들은 서로 어울려 뭉치지 않는 여성들에게 매력을 느낀다. 그건 자신의 삶에 만족하지 않는 사람, 계속해서 불안감을 느끼고 두려워하는 사람을 지배하기가 더 쉽기 때문이다. 여성들은 이제 아무도 자신을 원하지 않으리라는 두려움 때문에 행복하지 않은 관계를 지속한다고 증언한 바 있다. 그들은 본능적으로 자신의 안위를 주체적으로 결정할 수 있는 여성이 사회적으로 덜 선호된다는 사실을 아는 것이다. 스스로를 사랑하는 건강한 여성을 원하는 남자가 비록 소수일지라도 그런 남자와의 관계는 더 안정적이고 지속적이며 만족감이 높다.

많은 여성은 서로를 결속해주던 공유된 행동양식을 바

꾼 후 다른 여성들에게 거부당한 경험이 있다. 여성은 종종 비밀과 경험을 공유하고 욕망이나 관점의 차이를 드러내지 않아야만 유대감을 느끼며, 그 결속을 깨트리면 배신으로 여겨진다. 따라서 서로를 결속하는 사랑을 만들어내기 전에, 여성은 먼저 진실을 말하는 법을 배워야 하며, 좋은 여자는 절대 진심을 말하지 않는다는 성차별적 생각을 깨야 한다. 여성들의 우정은 한 명이 사소한 수다나 험담 대신 친구에게 자신의 진심을 말하면서 깨진다. 해리엇 러너는 『속임수의 춤』에서 이렇게 설명한다. "진실을 말하려는 투쟁은 타인과 친밀해지고 싶은 우리의 가장 깊은 욕망의 중심에 있다. (…) 진실은 불평등과 공존할 수 없다. (…) 개인적 진실과 정치적 진실을 향한 분투에 휴식은 없다. (…) 우리는 우리가 지지하는 가상의 미래를 지배하는 가치에 따라 오늘을 살 수 있다. 현재 우리 삶 속의 다양성과 복잡성, 포괄성, 그리고 연결성을 존중하는 것은 모두를 위한 진실 말하기의 길을 넓히는 것이다." 개인의 진실성은 자기애의 토대다. 자기 자신과 타인에게 정직한 여성들은 약해지기를 두려워하지 않는다. 우리는 다른 여성이 우리의 가면을 벗기거나 진실을 폭로할까 봐 두려워하지 않는다. 우리는 파멸을 두려워하지 않는다. 누구도 사랑하는 여성으로서의 진실성을 파괴할 수 없음을 알기 때문이다.

자신을 사랑하기로 선택한 여성은 그 선택을 후회하지 않는다. 자기애는 여성에게 더 큰 힘과 자유를 가져다주고 모든 관계를 향상시킨다. 그러나 무엇보다 자기애는 다른 여성과 함께 공동체 안에 살게 하고, 연대와 자매애를 지지하게 해준다. 마릴린 프라이는 『자발적 처녀』라는 책에서 유용한 통찰을 보여준다. "변화를 만들기 위해 여성은 불가능한 일을 하고 불가능한 것을 생각해야 하며, 그것은 공동체 안에서 행해져야만 한다. 의미 있는 공동체가 없다면 개인은 자신의 급진적 통찰을 유지할 수 없고, 혼란스러워지며, 알던 것도 잊게 된다. (…) 우리는 서로에게 용기 있고 상상력 넘치는 창의적 행동과 기억을 부추기지만 그런 행위는 여성의 진취성을 인식하고 인정하는 여성들의 공동체 없이는 말 그대로 불가능하다." 스스로를 사랑하는 여성은 더 많은 갈등을 만날 수 있지만, 그녀에게는 그런 어려움을 다룰 수 있는 기술이 있다. 그 기술은 자아수용과 진실성, 그리고 자신의 행복을 위해 최선을 다하겠다는 의지에서 나온다. 그런 기술을 획득한 그녀는 여성들과의 공동체를 지지하고 사랑의 관계 속으로 들어갈 수 있는 힘을 가진다.

대학원 때 만난 내 친한 친구는 최근 딸들과 함께 나

를 만나러 왔다. 우리는 30년이 넘은 우정을 함께 기념하며, 우리의 관계를 발전시키기 위해 했던 모든 것에 대해 딸들에게 이야기해주었다. 우리는 이를테면 내가 자기 남자친구를 유혹한다고 그녀가 오해했던 순간이라든가 흑인인 나를 가장 친한 친구로 둔 백인 여성인 그녀가 실수로 자기 딸들에게 인종과 인종차별에 대해 제대로 설명하지 않았을 때 내가 실망했던 일처럼, 힘들 때 서로를 의심했던 순간들에 대한 이야기를 나눴다. 우리는 서로에게 진실하고 서로를 용서하며 서로의 개인적 성장을 지지하기로 약속했고, 그것은 지금도 유효하다. 우리의 사랑이 어려운 선택과 시간 속에서도 살아남아 유지되고 있음을 행운으로 여긴다.

이 친구는 내가 열여덟 살 때 독립적이고 자유로운 여자로 살기 위해 결혼하지 않겠다고 말했던 것을 기억하고 있다. 그녀는 같은 바람을 느꼈지만 자기 소신을 펴보기도 전에 문화적 흐름에 따라 썩 내키지 않는 결혼을 했다. 우리는 우리 둘의 차이를 말할 수 있고, 서로의 삶에 대해 작은 질투―그렇다, 나는 그토록 멋진 딸을 가진 그녀를 질투한다―를 갖고 있지만, 친구의 너그러움 덕분에 그것은 부정적인 질투로 변하지 않는다. 이런 만남의 순간에 우리는 여성의 우정과 사랑, 그리고 연대에 축배를 들며 그녀의 딸들 역시 언제나 서로를 보듬어줄 다른 여성들과 춤추며 함께할 수 있기를 바란다. 우리의 지혜를 토대로 그 아이들이 우리보다 더 일찍 자신을 사랑하고, 다른 여성들을 올바르게 사랑하기를 바란다.

성장기에 교회 예배 시간에 내가 제일 좋아했던 성가에는 이런 구절이 나온다. "네 영혼은 안녕한가? 너는 자유롭고 온전한가?" 스스로를 사랑하게 되면 영혼의 목소리에 귀를 기울이게 되고, 더는 버려질까 봐 혹은 무시당할까 봐 두려워하지 않게 되며 자신의 모습을 있는 그대로 보게 된다. 명료한 그 모습은 우리 마음의 평화이자 힘의 근원이다. 이런 인식 위에서 우리는 연대하고 축복하며 함께 사랑을 탐색할 수 있고, 거기서 우러나는 달콤함을 향유할 수 있다.

10장 우리의 사랑할 권리

　여성의 삶은 자신을 사랑하는 것만으로 충분하지 않다. 나는 자기애를 사랑하고 사랑받고자 하는 욕구에 반하는 것이라 충고하는 자기계발서들의 조언에 대한 응수로 감히 이렇게 선언한다. 진실로 어떤 여성도 자기 자신을 먼저 사랑하지 않고서는 온전히 사랑받을 수 없다! 남성 중심적이고 여성 혐오적인 문화를 옹호하는 이들은 여성에게 자신을 부정하고 자신의 발전보다 남을 즐겁게 하는 데 힘쓰라고 말한다. 여성이 자기 안녕을 추구하다 보면 극단으로 치우친다는 것이다. 자신을 사랑하려는 여성의 권리와 욕구를 주장하다 보면 그것이 곧 모두가 '영원히 행복하게' 살 수 있는 길인 듯 현혹될 수 있기 때문에, 자신의 꿈과 파트너십을 갈망하느라 소중한 시간을 낭비하지 말라는 메시지다.

사랑은 어떻게 하는지(그래서 결과적으로는 자신을 어떻게 사랑하는지)를 어릴 때 배우지 못해 나중에서야 자신을 사랑하는 법을 배운 여성은 나이에 상관없이 중대한 어려움에 처하는데, 이는 우리 사회가 아직 여성의 행복을 지지하고 유지하는 쪽으로 바뀌지 못했기 때문이다. 만약 사회가 그렇게 바뀐다면 우리에게 자기애와 자기존중이 부족한 것은 별로 문제가 되지 않을 것이다. 하지만 현실에서 성인 여성이 자기를 사랑하려면 많은 희생이 필요하다. 자기를 깎아내리거나 지배하는 데 익숙한 경우 특히 그렇다. 이런 사실을 고려하면 자신을 사랑하는 삶을 살고자 하는 많은 여성들이 왜 본능적으로 두려움에 사로잡히는지 이해할 수 있다.

의미 있는 변화를 얻어내려면 상실을 마주해야 한다. 아무리 그래야만 하는 것이더라도 뭔가를 포기할 때에는 언제나 위험부담이 있다. 그럴 때 보통 우울증을 앓곤 한다. 베스 베나토비치가 인터뷰한 여성들은 모두 변화를 끌어안기 위해 거쳐야 했던 두려움과의 사투에 대해 이야기한다. 인터뷰에서 일본계 미국인 작가 재니스 미리키타니는 이렇게 말한다. "변화는 많은 사람에게 쉽지 않다. 사람들은 종종 나쁜 현실을 변화보다 선호한다. 즉 우리는 우리가 모르는 긍정적인 힘보다 이미 알고 있는 사악함을 감수하려고 한다." 많은 여성이 그런 상황에 정체되어 있기를 선택한다는 사실은 왜 그들이 사회와 마찬가지로 완전한 자아실현을 이뤄 자신과 타인을 사랑하는 여성들을 의심쩍어하며 공격하는지 설명해준다.

성공과 자기애가 반드시 동의어인 것은 아니다. 글로리아 스타이넘의 베스트셀러 『내면으로부터의 혁명』은 자존감이 부족해 성취감을 느끼지 못하는 성공한 여성들을 다룬다. 무언가 성취하려 할수록 여성에게는 긍정적인 자기존중과 자기애가 필요하다. "성인이 되어서도 내적 자존감이 낮으면 업무에서의 성취나 인정이 아무리 커도 보상받지 못한다." 긍정적인 토대가 없는 상황에서 낮은 자존감은 어느 시점에 우리의 힘을 약화시킬 것이다. (이것이 저자의 주요 주장이었다.) 일부 성공한 여성도 이 문제에는 취약했는데, 성취를 선택하는 여성이 '여성적'이지 못하다고 여겨지는 사회에서 자신이 욕망의 대상에서 배제될지 모른다는 두려움 때문이다. 이런 감정은 심지어 여성이 의미 있는 관계를 맺고 있거나 결혼한 상태에서도 지속된다. 대학교수로 지내는 동안 나는 사랑받지 못하게 될까 봐 날개를 펴지 않는 영리한 여학생들이 많다는 사실이 자꾸만 마음에 걸렸다.

열아홉 살에 한 남자와 연애를 시작하면서 나는 남자를 만날 수 있음을 일단 증명했으니 이제는 내 지적·예술적 능력을 높이는 데 관심을 돌릴 수 있다는 생각에 매우 행복했고 엄청나게 안도했다. 어깨에 걸린 큰 짐을 벗어던진 듯한 느낌이었다. 성장기에 나는 부모와 선생님들에게 남자는 똑똑한 여자를 좋아하지 않으며, 고등교육을 받는 것은 나 자신을 더 매력 없는 존재로 만드는 지름길이라는 말을 귀에 못이 박히도록 들었다. 그래서 내 지성을 인정하는 남자 동료를 만나자마자 그와 사귀기 시작했다. 한때 남자 연애 상대가 있었다는 사실로 나 자신이 사랑받을 가치가 있음을, 실패자가 아님을 증명했기 때문에 욕망과 파트너십의 문제에서 벗어난 나는 다른 열망에 집중할 수 있었다. 그럼에도 여전히 내면에서는 끔찍한 불안을 느꼈다. 불안은 내가 스스로를 사랑하는 법을 배우기 전까지 나를 떠나지 않았다. 거듭 말하지만 자기애는 자아수용에서 시작된다. 나 자신을 완전히 받아들이기 위해서는 학대로 인한 유년기의 상처를 치유해야 했다. 이때 진보적인 심리치료와 페미니즘 의식화 모임은 내가 과거에서 벗어나 더 긍정적인 미래를 만드는 법을 배울 수 있게 해주었다.

파트너와의 오랜 관계는 내가 박사학위를 마치고 아이비리그의 명문 대학에서 강의를 맡게 되며 끝났다. 관계를 끝내기로 선택한 건 나였지만, 그 선택은 파트너가 내 성취를 진심으로 지지하고 인정하기를 거부했기 때문이었다. 내가 직장을 얻게 되면 관계가 끝날 거라고 했던 친구의 말이 학위 과정 내내 나를 따라다녔다. 그 친구 말은 파트너가 내 지성을 인정한다고 한 건 내 지적 열망이 단지 열망에 불과했기 때문이라는 거였다. 대학원 생활은 힘들었다. 나는 학위 과정이 모욕과 수치를 반복해서 느끼게 하는 가부장적 가정의 역기능과 비슷하다고 생각했다. 학위를 받는 데는 오랜 시간이 걸렸다. 그 시간 동안 내 남자 파트너는 누구보다 나를 지원하고 응원해주었다. 그러다 내가 대학에 자리 잡으며 성공한 시점에 그가 지원을 거둬들이자 나는 놀랐고 실망했다. 결국 남자는 똑똑한 여자를 정말로 좋아하지는 않는다는 부모님과 선생님들의 가부장적 예언이 실로 눈앞에 펼쳐진 것만 같았다. 성공을 갈망하는 많은 여성이 이런 감정을 경험했을 것이다. 여성들은 내게 반복해서 경고했다. 내 남자 파트너는 내가 자신의 섹시하고 반항적인 후배인 한, 그리고 자기가 우월한 멘토가 될 수 있는 한 내 지성에 신경 쓰지 않지만, 내가 그를 능가하고 추월하면

달라질 것이라고 말이다. 그리고 결정적인 순간에 그가 정말로 지지를 거둬들였고, 나는 내가 뭔가를 잘못했다고 느끼는 등 비이성적인 생각에 사로잡혔다.

특히 성차별적 성역할을 따르다가 자유로운 행동 쪽으로 방향을 튼 여성들이 이와 같은 경험을 했다. 중국에서 태어난 한국인 한의사인 이애자 씨는 약대에서 만난 동료와 결혼했다. 처음에 남편은 그녀에게 지원을 아끼지 않았지만 자신보다 아내가 치료사로서 더 두각을 나타내기 시작하자 자신감을 잃은 듯했다. 그는 난폭하게 굴며 그녀를 배신했다. 뉴욕으로 이주한 후 애자 씨는 한 번에 약사 시험에 합격했지만 자신은 통과하지 못하자 그는 이혼을 요구했다. "나는 그가 나쁜 사람이었다고 생각한 적이 없어요. 그저 자기 아내보다 열등하다는 생각에 놀라고 자존심이 상한 거예요. (…) 그는 자동차와 가구를 가지고 떠났어요. 나에게는 3달러와 아이 셋이 남았고요. 이런 식으로 남겨진 게 너무나 부끄러웠어요. (…) 진지하게 자살을 생각했지요." 파트너에게 정서적으로 버림받은 여성은 대부분 관계가 끝날 때까지 파트너의 성차별주의보다 성공하려던 자신의 욕망이 문제였다는 듯이 자신을 비난하는 익숙한 소리에 사로잡힌다. 관계가 실패한 원인을 자신에게 돌리다 보면 일에서의 성취에 대해 느껴야 할 기쁨과 자신감마저 고갈된다.

여성들이 일터에서 남성과 동등함을 증명하자 이런 성공을 약화시키는 전략 또한 심해졌다. 성공을 갈망하는 여성이 남성 혐오적이고 여성적이지 못하다고 생각하는 건 성차별주의자 남성만이 아니다. 그런 여성들은 남녀 모두에게 괴물이나 악마 혹은 무자비한 포식자로 여겨지며, 그들의 성취 또한 '쌍년의 성공bitch goddesses'으로 간주된다. 페미니즘 사상가들은 여성을 사랑하는 정신을 지키고자 강한 여성에 대한 이런 식의 전형화를 비난하며 그런 반동적 전략이 더 높은 성취를 갈망하는 여성들의 의욕을 꺾는다고 지적했다. 그들은 여성들이 동료 남성들과 같은 기술과 전략을 사용해 일을 해내더라도 '까탈스러운' 방식으로 여겨진다는 점을 지적했다. 무뚝뚝하고 철저하고 직설적인 남성은 단호하고 유능하다고 여겨지지만, 동일하게 행동하는 여성은 싸가지 없고 공격적이라는 평가를 받는다. 마찬가지로, 강력하고 카리스마 넘치는 여성이 주목을 끌면 종종 '들어서는 곳마다 공기를 전부 혼자 빨아 마시는 과시적 행위'로 묘사됐다. 주목을 끄는 여성에 대한 이런 표현은 여성 동료들의 입에서 처음 등장했다. 이후 이 표현은 말 많고 센 여성을 묘사하는 데 종종 쓰였다.

강한 여성이 공기를 모두 빨아들여 다른 사람을 숨 막히게 한다는 묘사는 굉장히 폭력적인 표현이다. '생명을 주는 자'라는 관습적인 여성의 이미지와 대조적인 이 이미지는 왜곡된 여성상을 환기한다. 이때 강한 여성은 단지 양육자가 아니기를 선택한 데 그치지 않고 남의 생명을 빼앗는 데 즐거움을 느끼는 포식자가 된다. 여성이 다른 여성을 깎아내릴 때 사용되는 이런 표현이 나는 매번 불편했다. 강한 여성에 대한 여러 가지 부정적 묘사들과 마찬가지로, 이 이미지의 근원에는 권력과 성공을 지향하는 여성은 사랑스럽거나 삶에 긍정적인 존재가 아니라는 관념이 있다. 강해지기를 선택함으로써 그들은 사랑을 주고받을 수 있는 여성으로서의 기반 바깥으로 곧장 밀려난다.

많은 것을 성취한 강한 여성에 대한 부정적이고 전형적인 성차별적 이미지에 페미니즘이 열심히 도전하고 있지만, 이런 이미지는 여전히 우세하다. 이런 전형적 이미지가 대중문화의 상상력을 강력하게 장악하고 있기 때문에, 독립적이고 강하며 성공을 원하는 여성이 '쌍년'이라는 생각은 쉽게 받아들여진다. 성공한 여성에 대한 성차별적 전형을 굳히는 이런 이미지를 비판 없이 받아들이는 것은 문제다. 한편 젊은 여성들은 자아실현과 성공을 택할 때 당할 처벌과 고통을 굳이 대면하지 않을 방편으로 '쌍년' 이미지를 받아들이려고 한다. 물론 '착한 여자'가 되어야 한다는 생각을 뛰어넘으려는 여성들에게는 대담함이 요구되지만, 이런 이미지가 바깥에서의 전통적 성차별적 개념을 대체하지는 못한다. 전통적 성차별적 개념은 여성을 성녀 혹은 창녀, 성스러운 양육자 혹은 이기적인 쌍년으로 나눈다. 쌍년이 되기를 택하는 것 역시 실질적으로 성차별주의가 규정한 경계 안에 머물기를 택하는 것이다. 이때 그녀는 반군도 혁명가도 아니다. 단지 강해지려면 쌍년이 되기를 감수해야 한다고 여기며 성차별적 개념에 굴복하는 것에 지나지 않는다.

엘리자베스 워첼의 『비치』는 성공한 젊은 여성이 공적 영역에서 쌍년 페르소나를 받아들이는 예를 보여준다. '매혹을 만들어내기'라는 제목의 서문에서 그녀는 이렇게 선언한다. "여성이 페르소나를 만들어내는 공적 영역에서 소녀가 자신의 힘과 확고함, 자주성—자신을 자신으로 만드는—을 선언하기 위해 할 수 있는 말이란 분명히 그녀의 부모를 울게 할 만한 나쁜 것이다." 워첼의 선언과 대조적으로 내면 깊이 자기표현을 원하는 대부분의 소녀와 여성은 나쁘게 보이고 싶어 하든 그렇지 않든 지배 문화와 맞서야 한다. 그리고 그 문화에는 물론 그들의 부모도 포함된다.

나는 단지 너무 멀다는 이유로 스탠퍼드 대학에 가지 말라는 부모에게 반항했지만, 맞서고 싶어서 그런 것이 아니었다. 내가 원한 건 그들의 지지였다. 그들의 소망에 맞서는 건 두렵고 심리적으로 위축되는 일이었다. 그때나 지금이나 나는 모든 여성이 저항하지 않고도, 따라서 자신을 고립시키고 불안하게 만들지 않고도 정신적·지적으로 성장할 수 있는 세상에 살기를 원한다. 나는 모든 여성의 자기애와 확신 어린 태도를 쌍년의 이기심으로 만들려고 혈안이 되어 있는 세상에서 성장해야 한다는 사실에 분노했다. 워첼은 "쌍년이 역할모델이자 중요한 아이콘이 되는 시대 분위기"를 감지했다. 쌍년 페르소나를 수행하는 것은 잠시 동안 즐거울 수 있겠지만, 곧 그것이 자신의 위치를 표시할 뿐 아니라 그 자리에 구속시킨다는 사실을 재확인하게 된다. 그리고 아직 자신을 온전히 발산하지 못한 젊고 섹시한 여성의 쌍년됨은 비난받고 처벌받고 미움받기 일쑤인 성숙한 성인 쌍년보다 더 용인된다. 자신을 사랑하는 여성이라면 결코 쌍년이 되고 싶어 하지 않을 것이다. 그리고 다른 여자를 쌍년이라고 여긴다면 현 상황을 벗어나려는 여성의 노력을 병적 풍조의 유행으로 보는 성차별적 관념을 유지할 뿐이다.

쌍년 페르소나를 받아들인다면 강한 여성도 사랑이 필

요하다는 사실을 부인하는 셈이다. 쌍년으로 불리는 게 근사하다고 생각한다면 사랑에 대한 경멸을 훈장처럼 여기는 것과 같다. 정서적 성장과 보살핌의 중요성을 부정하는 가부장적 남자를 따라 하며 그들은 '센' 페르소나를 즐긴다. 나이가 젊든 더 들었든, 쌍년 카테고리에 안주하는 여성들은 여전히 성차별주의적 여성 혐오를 버리지 못했다. 모든 여성이 용기와 기품을 가지고 자신의 권리를 요구할 수 있는 길을 만드는 대신, 그들은 온전히 자아실현의 길을 택한 여자를 쌍년으로 만드는 성차별적 관념을 지지하며 가부장제를 돕고 있다.

스스로를 사랑하는 여성은 결코 부정적 카테고리를 힘의 상징으로 포용하지 않는다. 때로 적극적인 행동 때문에 다른 이들에게 쌍년으로 비치는 상황이 오더라도, 해방된 여성은 발전적인 대응과 무례한 행동 사이의 차이를 안다. 그런데 실로 누구도 성공한 쌍년이 사랑을 하는 사람이리라 예상하지 않는다. 자기표현을 중시하고 권력과 성공을 원하는 여성들은 사랑에 대한 지식이나 욕망이 부족하다는 추정 때문이다.

대중문화는 성공한 커리어우먼이 사랑에서는 실패하리라는 메시지를 지속적으로 전한다. 일하는 여성을 주눅 들게 하는 가장 강력한 힘은 '페미니스트' 커리어우먼을 이기적이고 사악한 나르시시스트로 재현하는 미디어다. 사람을 죽일 듯 사악한 커리어우먼 인물형은 영화 〈위험한 정사Fatal Attraction〉에서 처음 만들어진 후 〈어느 멋진 날〉과 같은 가족 영화 속 이혼한 워킹맘이나 〈왓 위민 원트〉의 광고회사 간부가 형상화하는 보다 유순한 이미지로 계승되며, 사회적으로 많이 성취한 여성에게는 심리적으로 심각한 문제가 있다는 메시지를 설파한다. 그리고 사랑을 하든 사랑을 받든 간에 우리는 자신이 가치 있고 욕망할 만하며 따라서 여성적이라는 것을 증명해야 하는 처지에 놓이게 된다.

영화 〈위험한 정사〉는 영향력 있는 싱글 전문직 여성은 남자가 되려고 한다는 편견을 강화시킬 뿐 아니라(그녀는 알렉스라 불린다), '여성적 특성'을 가지고 있는 그녀는 결국 건강한 방식으로 사랑할 수 없다는 메시지를 전한다. 알렉스가 성차별적 관점에서 '완벽한' 여성성을 체현한 좋은 아내이자 엄마 역할의 여성에게 살해되는 전개는 성차별적 관념을 거부한 데 대한 응징이다. 말하자면 사랑을 찾는 그녀의 탐색이 광기로 그려진 것이다. 영화는 알렉스가 그저 성차별주의가 규정하는 여성성에 머물렀다면 사랑을 찾을 수 있었을 것이라는 가부장적 메시지를 전하면서 관객으로 하여금 그녀가 처벌을 받아 마땅하다고 생각하도록 부추긴다. 마샤 밀먼은 『사랑에 관한 일곱 가지 이야기』에서, 영화 속 글렌 클로스가 연기한 알렉스가 살해당하는 장면에서 관객들이 보인 반응을 곱씹는다. "영화에서 마이클 더글러스의 아내가 남편을 칼로 찌르기 전에 글렌 클로스를 먼저 죽이자 극장에 있던 많은 사람이 환호했다. 괴물로 변한 클로스의 캐릭터에 동정을 표하는 사람은 거의 없었다. 우리는 자신이 얼마나 괴물 같은 행동을 할 수 있는지를 눈으로 확인하고 싶어 하지 않는다." 알렉스는 미국 영화사에서 가장 미움받는 여성 캐릭터 중 하나로 기억될 것이다. 〈왓 위민 원트〉에 나오는 광고회사 여성 간부는 자신이 처한 운명에 저항하거나 항의하지 않고, 마초인 동료 남성 포식자가 페미니스트로 변해 그녀를 인정할 때까지 기다렸다가 자신이 원하는 건 똑똑한 동시에 사랑스러운 존재로서 자신이 있는 그대로 받아들여지는 것이라고 온순하게 말한다. 그녀는 쌍년으로 보이고 싶지 않았던 것이다!

사회적으로 성공한 여성이 할 수 있는 것은 나쁜 년, 쌍년의 정체성을 포용할 뿐이라는 생각과 성공한 여성이 정서적 요구를 표현하면 여성의 영향력이 약화되리라는 페미니즘의 억측이 만날 때, 사랑을 향한 여성의 탐색은 병적인 것으로 여겨진다. 사랑을 향한 탐색은 실패 혹은 나약함의 신호로 여겨졌다. 실제로는 여성이 사랑보다 성공을 택해야 한다는 생각을 거부하는 것이야말로 심리적으로 온전하다는 증거다. 힘 있고 스스로를 사랑하는 여성은 자신의 정서적 필요를 돌보는 일이 필수이지만, 그것이 동료애나 파트너십의 자리를 대체하는 것은 아님을 알고 있다. 성공한 중년의 싱글 여성 다수는 절박해 보이지 않고서는, 즉 동정을 받지 않고서는 애인을 가지고 싶다는 욕망을 공공연히 이야기할 장소가 거의 없다고 느낀다. 나 역시 내 삶에서 사랑을 주고받는 일의 중요성을 공적으로 이야기했을 때, 특히 파트너를 원하는 욕망에 대해 이야기했을 때, 그 감정이 조롱당하거나 한심하게 여겨지는 느낌을 받았다. 놀랍게도 동료와 친구들은 종종 사랑이나 파트너십의 중요성에 관한 내 말을 농담으로 여겼다. 일에 많은 에너지를 쓰기로 한 여성은 그 선택을 사랑보다 더 중요하게 여기리라 생각하는 것이다. 그들은 여성이 사랑과 일 **양쪽에** 열정적으로 헌신할 수 있다는 생각을 받아들이지 못한다. 두 가지 열정이 서로를 진작시키고 발전시킨 경우를 보지 못한 그들은 사랑에 대한 내 권리를 부정하고 싶어 했다.

세간의 인식과 달리 일에 대한 열정적 헌신은 언제나

사랑의 중요성에 대한 내 인식을 강화시켰다. 내 책상에는 일과 사랑 사이의 연대에 대한 라이너 마리아 릴케의 지혜로운 글귀가 적힌 카드가 놓여 있다. "다른 많은 것에 대해서도 그러하듯이 사람들은 인생에서 사랑이 차지하는 위치에 대해 오해한다. 사람들은 오락과 재미를 일보다 더 행복한 것으로 여겨 사랑을 오락과 재미로 만들었다. 그러나 일만큼 행복한 것은 없으며, 지극한 행복인 사랑 역시 일과 다름없다." 의미심장하게도, 성공한 여성이 삶에서 사랑과 성공의 중요성을 주장할 때면, 일을 택한 것에 대한 대가로 사랑을 부정하라는 성차별적 사고를 마주하게 된다. 내가 일보다 사랑을 우선시하는 이유는, 건강한 자기애가 없다면 나의 가치를 비롯해 일을 통해 성취한 모든 가치가 저평가된다는 것을 알기 때문이다.

자기애는 나를 지탱하는 힘이지만 공동체 내에서 잘 살아가기 위해서는 타인의 사랑 또한 필요하다. 통념과 달리 권력이 있고 성취욕이 있는 여성들도 다른 이들만큼 사랑을 원한다. 우리 모두 사랑이 모든 영역, 특히 직업적 삶 또한 진작시킨다는 것을 알기 때문이다. 우리는 함께 성장할 수 있는 연인을 갈망한다. 잘못된 파트너를 선택하면 자존감이 약화되듯, 우리를 사랑하는 파트너를 고르면 끝없는 공격을 받더라도 자존감을 유지할 수 있다는 사실을 중년에 이른 여성은 경험적으로 알고 있다. 글로리아 스타이넘은 『내면으로부터의 혁명』 초판 출간 1년 후 개정판에 후기를 첨부해, 그녀의 글을 '약함'의 신호로 간주하며 책의 상징성을 약화시키려는 미디어의 공격에 대해 밝혔다. 초판에 대한 독자들의 긍정적 반응이 아니었다면 그런 미디어의 격렬한 공격은 성공했을 것이다.

내가 사랑에 대해 쓰려고 할 때, 나를 인터뷰한 기자들은 하나같이 내가 '유해진' 거냐고 물었다. 남자 작가가 사랑에 대한 책을 내도 이런 질문을 할까? 그 누구도 존 그레이나 존 웰우드, 존 브래드쇼 혹은 토머스 무어가 사랑에 대해 글을 썼다고 해서 부드러워졌냐고 묻지 않는다. 그들은 부드러워질 여지가 있을 만큼 경직돼 있다고 애초에 생각되지 않기 때문이다. 그러나 영향력 있는 여성, 특히 지적인 여성들은 언제나 정서적으로 결핍되어 있다는 정형화된 이미지를 가지고 있다. 여성들의 비평적 위트와 지혜는 종종 날카로운 지적 영리함이나 다른 문화에 대한 정서적 이해에서 나온 통찰 대신 내면의 비정함, 타인에 대한 공감 부족의 증거로 여겨진다. 독자들은 사랑에 관한 내 글을 지적 성장에 대한 증거 혹은 예지력 있는 통찰로 받아들일 수 있지만, 성차별적 사고는 그 경험을 비하하고 사랑에 대한 비평적 사고를 유약함이나 일탈적 행위로 여기게 만든다.

강력한 공격과 배신은 자기애가 강한 여성의 자존감에 타격을 줄 수 있다. 인종과 계급을 막론하고 영향력 있는 여성은 언제나 공격당한다. 자기를 사랑하며 사회적 성취감도 맛본 여성은 잔인한 공격으로부터 살아남기 위해 사랑하는 사람들의 보살핌에 의지한다. 우리는 사랑의 중요성을 말하는 데 부끄러움을 느끼지 않아야 한다. 나는 사랑하는 이들에게 종종 모든 테러리스트의 제1원칙이 사람을 고립시켜 정신을 파괴하는 것이라는 사실을 상기시킨다. 많은 여성은 사랑받지 못한 채 혼자 남겨질 수 있다는 두려움 때문에 여성의 자아실현이라는 페미니즘적 과제를 외면했다. 물론 여성성에 대한 가부장적 평가절하가 훨씬 더 많은 여성을 사랑받지 못하고 홀로 남게 한다는 사실은 아이러니다.

영향력 있는, 자아실현을 이룬 여성들은 우리가 사랑하는 사람들과의 유대에 의지한다는 사실을 거리낌 없이 말할 수 있어야 한다. 나는 내가 이루어놓은 성취들에 기뻐하고, 나의 존재와 생활 방식에 만족한 채로 평온한 삶을 맞이했다는 사실에 가슴이 벅차다. 그리고 동반자가 없다고 해서 내 삶의 즐거움이 감소되지는 않지만, 만약 사랑하는 파트너와 함께라면 즐거움은 커질 것이다. 사랑하는 상대와 관계 맺고 있는 내 주변 여성은 모두 그 관계가 가부장제의 공격에 계속해서 저항하고 자기 자신으로 존재할 수 있게 도와준다는 데 동의한다. 수많은 페미니즘 사상가와 운동가, 예술가와 작가들은 가부장적 표준에 저항하고자 하는 여성이 고통받기를 바라는 무심한 대중에게 공격받아 고립되어본 적이 있다. 연대할 수 없는 여성들은 아프고 외로웠으며 고통받았다. 온전한 자아실현을 이루고 사랑을 알고자 하는 권리는 결코 포기해서는 안 되는 것이었다.

결코 사랑을 알 수 없을지 모른다는 두려움이 많은 여성으로 하여금 가능한 모든 노력을 해보지 못하게 만든다. 그 두려움에서 벗어날 수만 있다면 그들은 가능성을 확인하고 진정한 만족을 위해 꼭 필요한 자기애의 토대를 만들어 사랑을 끌어올 수 있을 것이다. 많은 여성이 선택에서 두려움의 영향을 받는다. 그들은 남자를 만나는 데 방해가 될까 봐 자아를 위한 작업을 거부하며, 심지어 그 모든 희생 뒤에 홀로 남은 자신을 발견한다. 그런 발견은 각성의 순간이 될 수 있다. 몇몇은 고통스러운 과거로 돌아가지만, 대부분은 한 번도 실현되지 않았거나 잃어버렸던 자기 자신을 회복한다. 종종 여성들은 사랑을 원할 경우 불가피하게 자신을 희생해야 한다는 생각에 사랑을 포기한다. 안된 일이다. 그들을 헤매게 한 것은 사랑이 아니다. 자기애가 없이는 사랑할 준비가 된 것이 아니기 때문이다.

　사랑은 온전히 자아실현을 이루어낸 여성, 자신이 누구인지를 아는 여성 곁에 더 가까이 존재한다. 이는 자기를 사랑하며 영향력 있는 여성들이 '모두 가졌다'고 떠벌리지 않으려고 소중한 보물처럼 간직해둔 좋은 소식이다. 그러나 우리는 모든 것을 가질 수는 있지만 그걸 한번에, 혹은 우리가 원하는 순서대로 가지기는 어렵다. 이것이 바로 우리 삶의 마법이자 비밀스러운 부분이다. 모든 여성은 자신을 사랑으로부터 차단하는 대신 사랑의 찬가를 불러야 한다. 사랑은 우리가 자기 자신이 될 수 있도록 자유롭게 해주고 부끄러움이나 가식 없이 다른 사람들에게 열려 있게 만든다. 연인은 없지만 사랑하는 사람들로 둘러싸여 죽음을 맞이한 엘리자베스 퀴블러로스는 자서전 『생의 수레바퀴』에서 이 메시지를 세상에 전하고자 했다. "사랑이 있다면 모든 것은 견딜 만하다. 나는 당신이 더 많은 사람에게 더 많은 사랑을 주기를 소망한다. 유일하게 영원한 것이 있다면 바로 사랑이다." 사랑을 향한 여성의 탐구는 이렇듯 인생에 관한 모든 것이다.

사랑은 꿈의 집을 짓기 위한 가장 근본적인 토대다. 그 집에는 방이 여럿 있다. 관계는 집의 일부지만 모든 것은 아니며 모든 것이 될 수도 없다. 관건은 균형 잡기다. 균형 잡힌 삶을 살기 위해서는 어떤 여성도 사랑의 중요성을 강제로 부정당해서는 안 된다. 영향력 있고 성공한 여성 중 자기를 사랑하는 사람은 삶에 진실된 사랑이 풍부하다는 사실을 안다. 세상에 우리의 사랑 이야기를 들려주지 않으면, 우리가 사랑을 원하지 않으며 사랑할 수 없다는 근거 없는 믿음은 계속될 것이고, 이는 다른 여성들을 자기검열하게 만들며 진실된 사랑이 언제나 우리를 진정한 자신으로 이끈다는 사실로부터 멀어지게 할 것이다. 사랑을 알고 싶어 하는 사람이라면 우리를 찾아낼 것이고, 우리 또한 그들을 찾아낼 것이다.

11장 문제는 가부장제다

사랑을 찾는 것과 남자를 찾는 것은 별개의 사안이다. 남성 파트너가 없는 여자들은 대부분 남자를 찾으려 한다. 어떨 것 같은가? 남자를 찾기는 쉽다. 하지만 사랑을 찾는 것은 다른 문제다. 남자 파트너와의 사랑을 찾고 싶다면 여성은 자신이 원하는 바를 분명히 해야 한다. 페미니즘은 여성 혐오를 둘러싼 참혹한 진실을 폭로했다. 이 나라 역사상 그 어느 때보다 '여성 혐오'라는 말은 흔해졌다. 여성 혐오는 성차별적이고 가부장적인, 여성을 증오하는 남성을 묘사하는 가장 손쉬운 표현이 되었다. 그러나 페미니즘이 폭로한 또 다른 현실 중 여성들이 더 말하기 꺼리는 것은 여성의 남성 혐오다.

페미니즘이 전성기였던 몇 년 전, 나는 레즈비언들로부터 세상이 계속해서 그들을 남성 혐오자로 내몰고 있는데, 그건 사실이 아니라는 말을 들었다. 실상은 여성들이 한 공간에 모여 남자에 대한 이야기를 시작하면, 가장 심하게 남자에 대한 적개심을 나타내는 사람은 현재 남자와 살고 있고 남은 생을 남자들과 지낼 예정인 여성들이라는 것이다. 그 말이 사실이라는 것은 이미 겪어봐서 알지만, 이런 의견을 거듭 들으면서 나는 남성에 대한 내 안의 솔직한 감정을 알아보고 싶어졌다. 내면을 들여다보고 내가 진정으로 남성을 경멸한다고 여겨지면, 그들을 잠재적인 파트너나 연인으로 여기지 않겠노라 결심했다.

내면을 들여다보니, 남자에 대한 내 생각은 크게 세 가지 상에 지배되고 있었다. 내가 두려워하고 때로는 증오하며 죽었으면 좋겠다고 여겼던 내 가부장적 아버지, 가부장적이지 않으며 내가 두려워하지 않고 언제나 사랑했으며 영원히 함께 살고 싶었던 내 괴짜 외할아버지, 그리고 장난기 많은 내 오빠. 아버지는 우리의 영혼에는 관심이 없었고, 우리의 물질적 필요를 위해 열심히 일했다. 그것에는 감사하지만, 그가 세운 기준에 맞춰 그를 기쁘게 하려고 노력할 때조차 나는 한 번도 아버지의 사랑을 느끼지 못했다. 내가 태어났을 때 아버지는 흥분하며 어디든 나를 데려가고 자랑스러워한 '딸바보'였다지만, 내게 가장 익숙한 아버지의 모습은 사랑을 주지 않으며 냉담하고 정서적으로 닫혀 있는 사람이었다. 반물질주의자이기도 했던 외할아버지 대디 거스는 나에게 무조건적인 사랑을 주었다. 아버지는 버럭 하는 버릇이 있었고 곧잘 폭력적인 행동을 한 반면, 할아버지는 언제나 친절하고 상냥했으며 한 번도 화내며 말한 적이 없었다. 엄마는 할아버지가 손자 손녀에게만 그런 것이 아니라 평생 자식들에게도 그렇게 대했다고 우리에게 말해주었다. 엄마는 자신의 아버지를 사랑하고 존경했다.

그리고 내 오빠 케네스. 오빠가 나보다 여덟 달 먼저 태어났지만, 우리는 쌍둥이 같았다. 케네스는 보통 소년들과 모든 면에서 달랐다. 그는 다정하고 상냥하고 장난기가 많았으며, 상처받는 걸 두려워했다. 오빠의 유머는 가족을 즐겁게 했다. 자매들은 아버지와는 정반대인 그를 사랑했고, 그 역시 우리를 사랑했다. 우리는 영원한 피터팬인 오빠를 사랑했지만, 성인 남자는 대체로 두려워했다.

솔직히 말해 외할아버지 대디 거스가 아니었다면 나는 남성 혐오자 내지는 남자를 두려워하는 여자가 되었을 것이다. 많은 여성이 남성을 두려워한다. 그리고 두려움은 혐오와 증오의 토대가 될 수 있다. 그것은 억눌린 살인적 분노를 은폐할 수 있다. 소녀들이 가부장제 안에서 남성에 대해 배우고 그들에 대한 생각을 형성할 때, 우리는 권위적인 남성이 가르치는 남성상에 영향을 받는다. 우리 삶의 중요한 남성 인물이 잔인하고 비정하며 때로 난폭한 폭력을 행사한다면, 그것이 우리가 남성에 대해 생각하는 방식이 된다. 만약 우리 삶의 남자들(아버지, 삼촌, 할아버지, 형제들)이 어떤 연장자 여성에게든 학대받는 우리를 방치한다면, 우리는 그들을 존경할 수 없다. 우리를 보호하는 데 실패한 그들을 우리는 용서하지 않는다.

나는 내 유년 시절 주변에 다양한 남성성이 있었음에 감사한다. 많은 남성이 아버지처럼 '마초'라는 것은 알고 있었지만, 할아버지처럼 조용하고 상냥하며 친절한 남자도 있다는 것 역시 알 수 있었다. 그런 다양한 이미지들이 내 관점을 형성했다. 신에 대한 사랑을 부끄럼 없이 공공연히 표현하고 눈물을 흘리던 남자들도 있었다. 그들은 가부장적 규범에 저항하는, 말하자면 이탈자들이었다. 그리고 나는 그런 이들을 사랑할 운명이었다. 섬세하고 감정이 풍부하며 부끄럼을 많이 타는, 가부장제라는 틀 안에서는 멸시되는 남자들 말이다. 내가 꿈에 그리던 남자는 감정을 가진 사람이었다.

내가 페미니즘 운동에 진지하게 뛰어들 무렵, 파트너는 전적으로 나를 응원했지만 나중에는 내 아버지와 할아버지가 섞인 성격을 가진 것으로 판명되었다. 결국 젠더 갈등이 우리를 헤어지게 했어도, 내가 활동에 뛰어들 당시에는 그런 갈등을 겪지 않았다. 당시 그는 해방된 여성이 되고자 하는 내 노력을 지지했으며 호모포비아를 갖고 있지도 않았다. 일부 남성들과 달리 그는 내가 레즈비언 페미니스트들과 그토록 많은 시간을 보내도 걱정하지 않았다. 모임에서 만난 여러 여성은 자신이 레즈비언과 어울려 다니는 걸 남자 파트너가 싫어한다고 고백하곤 했다. 남자들은 자기 여자가 레즈비언과 함께 어울리는 것만으로 똑같이 레즈비언이 될 거라고 믿었던 것이다. 우리는 그런 이야기에 그저 웃었지만 인생과 사랑에 대한 관점을 바꿔줄지도 모를 우정을 놓친 그들을 생각하면 슬퍼하지 않을 수 없었다.

그 무렵 우리는 남자들의 관점을 지지하고 남자를 기쁘게 하기 위해 자기 의견은 포기하는 여자들, 반드시 남자를 좋아하는 건 아니지만 그런 척하는 여자들을 일컬어 '남성과 동일시male-identified'한다고 표현했다. 이런 여성 중 일부는 자신의 의지와 무관하게 종속된 경우지만, 대부분은 자신들이 바보 같고 유치하다고 생각하는 남자들을 경멸하면서도 교묘하게 성차별주의자들의 이상적 여성성을 구현하는 기만자였다. 돌이켜보면, 우리의 표현은 완전하지 못했다. 이 여성들은 자신의 관점을 단순히 남성과 동일시하는 것이 아니라, '가부장적인' 남성과 동일시한다. 당시 가장 급진적인 페미니스트 여성조차 이미 모든 남자가 가부장제를 원하는 것은 아니라는 걸 알고 있었다. 남성과 동일시하는 여성들은 젠더 관념에 있어 성차별주의자 남성의 관점을 지지했다. 그들은 페미니즘을 옹호하는 진보적 남성의 관점에는 관심이 없었다. 그들에게 진보적 남성은 '진짜 남자'가 아니었다.

페미니스트들이 모이면 남성과 관계 맺고 있는 여성들은 쉽게 꺼내기 어려운 이야기를 해주었다. 바로 가까이에서 사적으로 남자들과 친밀한 관계를 맺고 있는 여성들은 남자가 주는 상처의 성질을 알고 있었다. 그들은 정서적 학대와 가정 폭력에 대해 알고 있었다. 남자를 향한 그들의 분노는 강렬했고 걷잡을 수 없었다. 때로 그런 분노는 전염되었다. 어릴 때 화난 아빠에게 반복적으로 강간당하고, 자기에게 처음으로 잘해준 남자와 함께 집에서 뛰쳐나와 그가 화났을 때 그 분노를 받아줄 펀치백이 되는, 그런 이야기를 계속해서 들으면서 남성을 싫어하지 않기란 어려웠다. 게다가 이런 이야기는 다반사로 흔했다.

가까이 둘러앉아 고통스런 이야기들을 듣고 있으면 공격적인 남자들을 없애버리고 싶은 마음이 들었다. 그들을 찾아내 여성을 학대한 적이 있냐고 추궁하고 줄 세워 날려버리는 상상을 하는 건 쉬웠다. 그런 후 그들이 상처 준 여성들을 찾아가 '이제 저 사람이 다시는 당신을 아프게 하지 못할 겁니다'라고 장담하는 것이다. 이런 환상은 남자들을 후려치려는 비이성적 충동에서 나온 게 아니었다. 이런 상상은 여성에 대한 남성의 폭력을 끝내고 싶다는 페미니즘적 꿈의 하나였다. 또한 세상이 안전한 장소가 된다면, 여성들이 자유롭게 돌아다니고 우리가 '밤을 돌려받을' 수 있는 안전한 곳이 된다면 어떨지 알고 싶었다. 물론 모임에는 남자를 증오해 복수하고 싶어 하는 여성들도 있었지만, 대부분은 분노를 표현한 뒤 집으로 돌아가 자신의 남자를 돌봐주고 양육했다. 그들 중 레즈비언은 별로 없었다.

남성에 대한 여성의 실망은 우리 사회에서 공적으로 잘 발언되지 않는다. 페미니즘 의식화 그룹의 이면에는 카드놀이를 하고 쇼핑을 하고 이런저런 가십 사이에 남성에 대한 분노를 나누는 아내들의 비공식적 모임과 같은 성격이

자리 잡고 있었다. 페미니스트들과 달리 그들은 남성이 가장이 아니기를 원치 않았다. 단지 남자가 조금 더 친절하고 온건한 가장이기를 원했을 뿐이다. 페미니즘 용어를 사용해, 우리는 이런 남자들을 '자애로운 가부장'이라고 불렀다. 그런 남성들은 자신이 여성보다 우월하며, 그러므로 우리를 지배해야 한다고 느꼈다. 그들은 단지 자신들이 친절한 제공자이자 보호자여야 한다고 생각했다. 우리 사회의 젠더 역할과 관련된 변화에 앞서, 잔인하고 공격적인 남성들은 남성과 동일시하는 여성들이 일반적으로 자신들의 행동을 정당화하고 제도화하는 것을 도우리라 생각했다. 그러나 어떤 형태로든 여성에 대한 남성의 폭력은 근절돼야 한다는 페미니즘적 사고가 보편화되었지만, 대부분의 여성들은 남성의 지배와 폭력에 반대하면서도 여전히 가부장적 문화를 지지하기도 한다.

50년 넘게 불친절한 남편과 결혼을 유지했던 우리 엄마와 같은 여성들은 잔인하고 불친절한 행동을 규탄했는데, 그것은 불과 10년 전만 해도 그들 스스로 정당화했던 것들이다. 내가 아버지를 비난할 때마다 엄마는 아버지가 얼마나 성실한 가장인지를 강조하며 긍정적으로 이야기했다. 최근에 엄마는 아버지의 행동에 대해 좀 더 비판적이다. 그리고 엄마의 태도는 더 격렬해졌다. 예순이 넘은 요즘에는 남성 일반에 대해 말할 때도 엄마는 긍정적이기보다 부정적이었다. 여섯 딸을 키우고 그중 여러 명이 불친절하고 폭력적인 남자에게 고통을 당하자, 그간 자신을 남성과 동일시해 온 엄마는 관점을 바꾸기 시작했다. 이제 엄마는 남성이 폭력적이거나 비겁한 방식으로 대할 때 여성에게는 잘못이 없다는 사실을 안다.

미국 역사상 그 어느 때보다도 여성 일반은 남성에 대한 분노를 표현하는 데 자유롭다고 느낀다. 내 막내 여동생은 '저 많은 남자 중 아무와도 자지 않을 이유가 너무나 많다'라고 쓰인 버튼을 달고 다닌다. 현대 페미니즘 운동이 태동하면서 우리는 남자를 좋아하고 욕망하고 사랑한다고 표현하기가 훨씬 어려워졌다. 일하는 여성이 많아진 이래 남자 파트너의 수입에 경제적으로 의존하는 삶의 즐거움에 대해 이야기하는 여성은 거의 없다. 세계적인 부자와 결혼해 일에서 자유로운 제인 폰다와 같은 여성들조차 결혼 관계 안에서 자신의 정체성을 잃었다고 말하며 관계를 떠나 자신만의 작업을 시작했다.

전반적으로 여성들은 즐거운 목표가 있지 않은 한 집에 머무는 것이 재미있지 않다는 데 동의한다. 예컨대 일하는 여성 다수가 아기가 새로 태어나면 집에 있는 것이 더 즐겁다고 생각한다. 그러나 아기들도 크게 마련이다. 페미니즘은 남성들이 집에 머물며 '전업남편houndbands'을 선택할 수 있는 여지를 사회적으로 만들어냈다. 그리고 가정주부처럼 그들도 돈을 버는 일 외에 의미 있게 자신의 시간을 쓸 수 없다는 점에 같은 불평을 한다. 혹실드는『얽매인 시간』이라는 책에서 여성은 집에 와서 2교대를 하더라도 낮은 보수나마 얻을 수 있는 직장을 선호한다는 것을 알게 되었음을 말한다. 그들은 자유로울 만큼 충분한 돈을 벌지 못하더라도 남성에게 재정적으로 의존하기보다 집 밖에서 일하기를 원한다. 하지만 만약 가사노동에 대한 봉급이 현실화된다면, 얘기는 달라질 것이다. 가사노동 봉급이 (몇몇 주에서의 양육비 지원과 같이) 자동으로 남편의 월급에서 차감되어 제공된다면 가사 혁명은 실현될 것이다.

자신을 페미니스트라고 생각하든 그렇지 않든 간에, 그 어느 때보다 많은 여성이 우리가 오늘날 남성이 지배하고 있는 사회에 살고 있다는 현실을 인지하고 있다. 남성으로부터 혜택을 얻고 가정에서의 독재나 성적 학대와 같은 부작용이 없는 한 많은 여성이 그런 현실을 좋아한다. 대부분의 여성이 직면하려 하지 않는 것은 가부장제를 지지하는 한 부작용을 감수해야 한다는 현실이다. 엘리자베스 워첼은 이렇게 말했다. "여전히 남성이 모든 힘을 가진 것 같다. 여성이 남성의 충동에 따라 달려가도록 속박되어 있다면, 남성은 여전히 도망가려는 충동에 지배되는 것처럼 보인다. 남성들이 계속해서 의무를 피하라는 교훈을 얻는다면, 여성들은 절실하게 의무를 찾으라고 가르침 받는다. 이런 상황이 지속되는 한 남녀는 언제까지나 조화를 이루지 못할 것이고 아무것도 이룰 수 없을 것이다." 물론, 가부장적 관계 속에서 많은 남성은 친밀감을 피해 정서적 학대와 물리적 폭력을 적절히 사용한다. 그리고 그런 폭력이 가부장적 시스템을 지속하게 만든다. 폭력이 아니라면 남성들도 감정적으로 마음의 문을 열고, 사랑을 할 수 있는 자신들의 방법을 찾을 수 있을 것이다.

존 그레이의 『화성에서 온 남자, 금성에서 온 여자』와 같은 책의 인기는 많은 이가 남녀의 성향이나 버릇이 선천적으로 다르며 그런 차이가 사회질서를 자연스럽게 유지한다고 믿고 싶어 한다는 점을 보여준다. 그들은 우리가 한때 본질적이라고 배웠던 성차가 대부분 후천적 교육에 의한 것이며, 생물학은 중요하고 간과할 수 없는 것이지만 운명은 아니라는 현실을 대면하기를 거부한다. 오늘날 대부분의 사람은 모든 남성이 여성보다 강하거나 똑똑하거나 덜 감정적이거나 하지 않다는 사실을 안다. 현실을 들여다보면 젠더에 관한 성차별적 관념은 잘 들어맞지 않는 경우가 많다. 문화의 경계 밖으로 나가 다른 문화권의 남녀를 관찰해보면 더 잘 알 수 있다. 미국인은 다른 문화권에 사는 여성들은 상대 남자보다 종종 더 육체적으로 고된 일을 하기도 한다는 사실을 쉽게 망각하거나 모른 채 산다. 또한 세계 인구중 영양실조나 기아로 굶주린 남성들 다수는 하루 세 끼를 먹는 부유한 국가의 여성 시민들보다 신체적으로 훨씬 약하다.

여성들은 대부분 가부장제에서 남성이 불친절함이나 잔인함, 여성에 대한 경멸이나 반감을 드러내는 양상을 바꾸고 싶어 한다. 너무도 많은 여성이 가부장제가 남성에게 잔인함을 요구하고, 폭력 의지가 가부장적 이성애자의 남성성을 정의한다는 사실을 받아들이지 못한다는 것은 정치적 현실에 대한 학습된 무지를 드러내는 증거다. 이를테면 존 그레이와 같은 진보적이고 자비로우며 가부장적인 작가는 여성에게 남성과 여성의 차이에 순응하라는 전략을 제공한다. 모든 책에서 그는 기본적으로 남녀에게 차이를 인정하고 갈등과 폭력적 행동을 피하는 방법을 찾자고 격려한다.

언뜻 보면 그의 책들이 인기를 얻는 이유는 여성들이 가부장적 사고를 수동적으로 수용하기 때문인 듯 보이지만, 사실상 가부장제의 부정적 측면에 대한 여성의 불만이 이 책들의 독자를 만든 것이다. 결국 그레이의 책은 여성이 가부장적 남성을 상대하는 데 도움을 줄 수는 있겠지만, 남성 지배를 중단할 것을 요구하지 않으며, 타인에 대한 남성의 지배 욕구를 자연스러운 것으로 정당화하는 기존의 성차별적 신념을 유지시킨다.

많은 여성이 가부장제의 종말에 절망하며 자신의 삶의 수준을 높여줄 남성의 지배에 협력할 방법을 찾으려 한다. 자신들의 성차별적 사고를 깨닫게 하지 못하는 책들을 사러 달려가는 게 성차별주의자 남성이 아니라는 것은 확실하다. 가부장적 사고는 여성과 남성을 분리시키고, 그레이와 다른 사상가들이 자연스러운 것으로 여기도록 한 인위적 성차 개념에 갇혀 있게 만든다. 남자와 한편이 되고 싶어 하는 여성에게 여성에 대한 남성의 혐오와 묵살을 폭로하는 페미니즘보다 무서운 것은 없을 것이다. 다행히 일터에서의 변화 덕분에 페미니즘은 여성을 보는 남성의 관점을 근원적인 측면에서 바꾸었다. 그러나 남성의 정서적 성장을 부정하는 가부장적 사고를 바꾸려는 시도에도 대부분의 남성은 감정이 중요하지 않으며 사랑을 포함한 모든 정서적 문제가 여성의 주된 일이라는 생각을 '자연스러운' 것이라고 계속 믿는다.

셰어 하이트의 보고서 『여성과 사랑』의 첫 번째 장에서 저자는 "남성의 정서적 거리두기"와 그들의 "개인적 생각과 감정에 대해 말하는 것을 꺼리기"를 주요한 문제로 언급한다. "이 연구에서 여성의 98퍼센트가 자신이 사랑하는 남자와 친밀한 대화를 더 많이 원한다고 말했다. 그들은 자신의 남자들이 개인적 생각과 감정, 계획, 그리고 궁금한 점에 대해 말하고 자신들에게도 물어봐주기를 원한다." 이 부분을 읽고 나는 수정 구슬을 응시하고 있는 심령술사 앞에 앉은 여자 그림이 그려진, 만화가 니콜 홀랜더의 카드를 떠올렸다. 여자는 "왜 그는 자신의 감정을 이야기하지 않을까요?"라고 말하고 있으며, 카드를 뒤집으면 다음과 같은 글귀가 나온다. "새벽 2시에 전 세계의 남자들이 동시에 자기 감정을 말하기 시작하면 전 세계의 여자들은 미안해질 것이다." 나는 몇 년 전에 산 이 카드를 지금까지 가지고 있다.

이 카드는 내 오랜 파트너가 나와 함께한 심리치료 시간에 했던 말을 상기시켰다. 그는 내가 언제나 그에게 자기 감정을 말하라고 부추긴 다음 막상 그가 말을 하면 내용

하나하나에 언짢아한다고 말했다. 그래서 그는 침묵을 지키고 싶어 했다. 그의 말은 대체로 그가 내가 생각한 사람이 아니라는 것을 알려주었다. 그의 가치나 윤리, 신념은 나와 극단적으로 달랐다. 여자가 불편해하는 상황에서 섹스를 멈추는 것이 좋을지를 남자들에게 물어보라. 대부분은 여성의 감정을 무시하고 행위를 계속하기를 원한다. 이 문제에 대해 터놓고 얘기해보면, 섹스하는 관계가 되기 전부터 남자들이 그렇게 생각한다는 걸 알게 될 것이다. 남자들이 할 말은 대부분 지루한 것이므로, 여성을 유혹하고자 하는 남성들이 상대를 속이며 자신의 생각을 말하지 않는 쪽을 택하는 법을 배운다는 사실은 놀랍지 않다.

가부장적 남성이 말하는 자신의 생각과 감정이 우리가 상상하는 것과 전혀 다른 현실을 드러낼 때 여성들은 그것을 듣기를 두려워한다. 그들의 발화는 우리의 차이를 드러낼 뿐 아니라 우리가 연결되지 않는 방식과 우리가 어쩌면 연결될 수 **없을지도** 모른다는 가능성을 드러낸다. 이것이 바로 앞서 말한 카드 속 문구가 암시하는 가능성이다. 가부장적 남성은 이 가능성을 여성보다 더 잘 아는 듯하다. 그들의 침묵은 가부장제가 유지되는 걸 돕는다. 그들이 걷잡을 수 없는 나르시시즘이나 사랑에 대한 부정적 관념을 드러내는 생각과 감정에 대해 이야기한다면, 여성들은 자기가 대화하고 있는 남자가 자신이 원하는 관계를 제공하거나 정서적 필요를 충족해주지 못할 것임을 더 뚜렷이 알게 된다. 여성은 남성에게 사랑에 대해 말하고 싶어 하지 않는다. 대부분의 남자들은 단지 그 주제에 관심이 없다는 말을 할 것이기 때문이다. 솔직한 가부장적 남성이라면 대담하게도 자신이 섹스를 위해 사랑에 관심 있는 척한다고 이야기할지도 모르겠다.

우리 모두는 50년 넘게 관계를 지속해온 커플들이 서로 완전한 타인처럼 느낄 수 있음을 안다. 그들은 정말로 다른 행성에 사는 듯 보인다. 그러나 대개 이 관계에서 필요가 충족되는 쪽은 소통의 욕망을 느끼지 않는 남성이고, 여성은 괴로워하는 쪽이다. 오래지 않아 그런 관계에 내재된 사도마조히즘을 다룬 마이클 빈센트 밀러의 『친밀한 테러리즘』과 같은 책이 나왔고, 틸리 올슨은 『수수께끼를 하나 내봐요』에서 가슴 아프고 슬픈 결혼에 대한 자화상을 그려냈다. 이야기 속에서 가부장적 남자가 승리하고 여자는 정신이 파괴됐지만 그렇다고 승리한 남자가 마냥 행복한 것은 아니다. 양쪽이 모두 부정적 관계에 갇혀 있는 셈이다.

그동안 여성들은 폭력적으로 권력을 휘두르는 남자들

도 행복하지 않다는 사실을 제대로 알기 어려웠다. 내 아버지는 엄마 위에 군림했지만, 자신의 권력에 만족하는 것 같지 않았다. 그는 소속감을 원했다. 그리고 많은 가부장적 남성이 그렇듯, 바람 피우며 비밀스러운 사랑을 추구했다. 바람 피우는 남자가 실제로는 그저 자신이 괴롭힌 여자가 고통받은 것과 마찬가지로 자신이 받은 고통을 경감하기 위해 진솔한 정서적 연결을 찾고 있을 뿐인데도 사람들은 그가 성적인 행동을 원하는 거라고 생각한다. 바람 피우는 관계에서는 그가 경계를 풀고 정서적 보살핌을 받을 수 있었던 것이다. 만약 가부장적 남성이 여성에게 터놓고 솔직하게 말을 건다면, 더 많은 여성이 성차별적 사고가 남자와 여자 사이의 불화를 만들고 젠더 전쟁을 만들고 유지시키는 방식을 더 명확하게 볼 수 있을 것이다. 감정적으로 물러서는 남성과 관계를 맺어보고 그들과 교감하려 애써본 여성은 자신이 원하는 걸 말하면 논쟁이 된다는 사실을 알고 있다. 종종 남자들은 감정을 말해보라는 주문에 특별히 부정적이지 않은 반응을 보인다. 그들은 단지 이렇게 말할 뿐이다. '답을 모르겠어요.' 이것은 모든 토론을 끝내버린다는 점에서 수동적인 형태의 통제다.

미디어는 종종 페미니즘이 젠더 전쟁을 만들어내는 것

처럼 그리지만, 갈등은 이미 진행되고 있었다. 페미니즘은 남녀 간의 차이를 풀 수 있는 방법이자 해결책이었다. 오늘날 사람들은 젠더 역할의 변화 때문에 젠더 전쟁이 심해졌다고 생각하는 경향이 있지만, 사실상 전쟁은 멈춘 적이 없었다. 의심할 나위 없이 더 많은 여성들이 폭력적인 남자들에게서 등을 돌렸다. 이것은 페미니즘 운동의 긍정적 결과다. 만약 여성이 가부장적 폭력을 거부하는 데 남자들이 격분해 여성을 더욱 혐오하게 되더라도 페미니즘의 잘못이라 할 수는 없다.

가부장제를 강경하게 옹호하는 남성들은 여성을 거의 좋아하지 않으며, 강경한 가부장적 여성들은 자신의 남성 배우자와 비슷하게 생각한다. 그리고 이 두 개의 다른 적대적인 그룹은 서로를 성적 상대로 여기고 결합하는 것을 자연스럽게 여긴다. 성별 간 적대를 '자연의 질서'로 수용하는 여성이 갈등을 끝내고 싶어 하는 여성보다 남자들과의 관계에서 더 행복을 느끼는 것은 분명하다. 셰어 하이트의 보고서는 엄청나게 많은 여성이 갈등이 종식되기를 원한다는 사실을 알려준다. 이는 그들이 어쨌거나 가부장제의 종말을 원한다는 것을 뜻한다. 가부장적 문화 속에 사는 한, 남녀 갈등은 당연한 것이 되기 때문이다. 페미니즘이 만들어낸 변화는 내적 구조를 바꾸진 못했지만 남녀 양쪽이 가진 불만을 얼마간 소리 내 말할 수 있게 했다. 페미니즘 사상과 관습이 갈등을 심화시킨 것처럼 보일지 몰라도, 현실에서는 여러 사람이 이를 포용했고 많은 갈등을 해결해주었다.

가부장제가 여성과 남성이 서로 맞붙어 겨루게 한다는 사실은 여성들에게는 대면하기 어려운 현실이다. 여자들은 남자를 처음 만나면 의식적으로든 무의식적으로든 그가 위협적인지 아닌지를 빠르게 판단한다. 여성이 남성에게 처음으로 나타내는 반응이 두려움 혹은 안전에 대한 걱정인 한, 여성이 진심으로 남성을 사랑할 수 있는 세상은 오지 않는다. 여성들은 자신의 삶에 남자가 필요하다고 느끼지만, 그들은 자신이 남자를 좋아하는지에 대해 확신이 없다. 남자들이 실제로 어떤 사람인지, 그들이 어떤 생각을 하는지 모르기 때문이다. 만약 알 수 있다고 해도, 그들은 남자를 사랑하지만 좋아하지는 않는다고 고백할지 모른다.

여자들은 남자에게서 좋아할 만한 점으로 친절함, 강인함, 그리고 진실성을 꼽는다. 해리엇 러너는 『구명구』의 1부 '제대로 된 남자와 잘못된 남자'에서 이렇게 지적한다. "개인의 취향은 다양하지만 우리는 성숙하고 지적이고 충직하고 믿을 만한, 사랑스럽고 배려하며 감성적이고 열려 있는, 친절하고 잘 돌봐주며 자신감과 책임감이 있는 파트너를 원한다. 지금껏 '솔직히 말해서, 책임감 없고 다정하지도 않고 성격도 나빠서 잘 삐치고 늘 기분이 처져 있는 사람을 만나고 싶어요'라고 말하는 여자를 본 적이 없다. (…) 많은 여성이 파트너를 제대로 판단하기보다 오히려 새로운 토스트기를 고르는 데 더 신중하다." 어쩌면 여성들은 오랜 기간 남자 없이 살아야 할지도 모른다는 생각에 신중한 판단을 유예하는지도 모른다.

사랑할 줄 아는 남자를 찾는 데에는 아주 오랜 시간이 필요하다. 대부분의 남자는 사랑하지 않는 대신 가부장제가 가져다준 보상과 권력의 형태에 여전히 연연한다. 가부장제는 남성들이 스스로를 사랑하지 못하게 하고 온전한 자신을 부인하게 해 그들을 상처 입힌다. 그러므로 사랑을 알고자 하는 남성들 역시 가부장제에 저항해야 한다. 그리고 그렇게 저항을 시도하는 남자들이 분명히 있으며, 여성들은 그런 남성을 찾고 있다.

나는 서른이 훨씬 넘어서야 내가 상대에게서 가장 좋아하는 것이 무엇인지 꼽아보았다. 열 가지가 적힌 목록 중 가장 첫 번째는 정직함과 솔직함이었다. 이 기준을 좀 더 일찍 적용했더라면, 내가 이전에 진지하게 사귄 세 명의 재능 있고 매력적인 남자들을 고르는 일은 없었을 것이다. 그 세 명은 모두 거짓말쟁이였고 나는 처음부터 그 사실을 알고 있었다. 나는 그들이 지닌 다른 특성들을 좋아했고 거짓말은 고칠 수 있다고 생각했지만, 달라지지 않았다. 원하는 것과 선택한 것 사이의 심각한 불일치를 직면하고서 나는 망연자실했다. 상담을 받으며 무엇이 이런 내 선택을 부추겼는지에 대해 생각하다 보니 어린 시절부터 받아온 고질적인 메시지가 모습을 드러냈다. '남자는 절대로 여자에게 진실을 말하지 않는다.' 파트너가 진실하기를 원하면서도 나는 무의식적으로 그것이 현실적인 기대가 아니라고 믿었다. 분명 내가 어릴 때 배운 그 메시지는 여성이 남성에 대해 가진 성차별적 사고의 전형이었다. 남자가 결코 진실할 수 없다고 생각하는 여자가 있다면 그녀는 상대방에 대해 결코 제대로 알지 못할 것이다. 누군가를 잘 알지도 못하면서 어떻게 그를 좋아하겠는가? 그리고 무엇을 토대로 우리가 그들을 사랑할 수 있겠는가?

남성을 향한 성차별적 태도를 의식적으로 지울 때 우리는 남성을 더 제대로 평가하고 우리가 마주치는 진짜 남자들을 좋아할 수 있을 것이다. 성차별적 사고를 가진 남자든 자유주의자든 자애로운 남자든 가부장이든 내가 알고 있는 몇몇 남자를 나는 좋아한다. 굳이 파트너로 고르지는 않더라도 말이다. 그들에게서 다른 미덕들을 볼 수 있기 때문이다. 이는 내가 그들의 성차별주의를 허용하거나 용납한다는 뜻이 아니다. 남녀 모두 가부장적 사고를 받아들이도록 사회화된다는 사실을 안다면 남자에게만 문제가 있는 건 아니라는 점은 분명할 것이다. 문제는 가부장제다.

『50의 공포』에서 에리카 종은 가부장제와 남성 개인을 분명하게 구분한다. "사실 나는 이 시스템에 대해 남자들 개개인을 비난하지는 않는다. 그들은 대체로 자기도 모르는 새 그것을 지속시킨다. 여자들 역시 마찬가지다. 그러나 이런 것도 변할 수 있지 않을까 하는 생각이 점점 더 든다. (…) 나는 성차별주의 때문에 당혹스러운 여자들 못지않게 여성의 분노 때문에 당혹스럽고 상처 입은 남자들이 이 세상에 많다고 생각한다. 여성들은 단지 사랑받고 보살핌 받기를 원할 뿐이며, 이 욕망들이 갑자기 너무도 충족되기 어려운 것이 되었다는 것을 이해하지 못한다."

가부장제는 도전받을 수 있고 변할 수 있다. 많은 여성과 몇몇 남성이 삶에서 급진적으로 변한 것을 보면 알 수 있다. 가부장적 사고의 영속을 막기 위해 연대하려 하는 그 남성들은 사랑을 탐색하는 투쟁의 동지다. 또 그들은 스스로 변화하고 또 세상을 변화시키고자 하는 우리의 동지다. 가부장제가 변하면 여성들은 남성들을 더 많이 사랑할 수 있고, 남성들 또한 여성들을 더욱 사랑할 수 있을 것이다.

12장 신남성, 평화를 사랑하는 남자의 탄생

대학 시절, 베트남전에 관한 연극 〈베트록VietRock〉에 참여한 적이 있다. 전쟁에 반대하고 젊은이들을 먼 사지로 보내 죽이려는 국가에 반대하는 내용의 연극이었다. 연극 내내 모든 배우들은 이런 가사의 노래를 불렀다. "달걀을 한 바구니에 모아 담지 마라. 바구니는 닳아버리고 사람은 일찍 죽는다. 나무나 코끼리와 결혼하는 편이 낫다. 남자는 빨리 죽으니까." 나는 전쟁 중에 대학에 입학했다. 내가 좋아하던 남자들은 신남성*이 되어 거리로 나섰다. 그들은 아무도 죽이고 싶어 하지 않았고, 자신이 죽는 것도 원하지 않았다.

---

* 　　　new men. 육아나 가사 등을 공동으로 하는, 공격적이지 않고 섬세한 남성.

당시 이들에게 페미니즘 운동은 최고의 사건이었다. 가부장제 남성성을 비판할 수 있는 핵심적인 도구를 제공했기 때문이다. 군 입대를 거부했던 이전 세대 남자들과 달리, 이들은 단지 전쟁에서 싸우기 싫다는 이유만으로 자신들을 평생 괴롭히고 불구로 만드는 죄의식에 시달리지 않아도 되었다. 이들은 폭력을 좋아하는 척할 필요가 없었다. 신남성으로서 이들은 생명을 사랑하는 자가 되어가는 과정에 있었다. 페미니즘은 이들에게 남성성에 대한 성차별적 관념을 거부할 수 있는 이론을 쥐여주었다. 페미니즘은 이들에게 생명에 대한 사랑을 공적으로 요구할 수 있는 자격을 부여했다.

그 후 30년도 더 지나 〈딥 임펙트〉나 〈아마겟돈〉, 〈글래디에이터〉, 〈진주만〉같이 블록버스터 전쟁 영화들로 넘쳐나는 시대에 이런 글을 쓰는 나는 너무도 많은 젊은이가 베트남으로 죽으러 갔던 그 시절 전 국민이 느꼈던 고통과 상실의 기억을 잊어버리는 건 아닌지 두려워진다. 우리가 오늘날 영화에서 보는 전쟁은 밝은 빛과 흥미로운 무기들로 가득한 눈부신 기술의 축제다. 거기서 우리의 소년들은 패배하지 않는다. 그들은 전혀 다치지 않고 영광스럽게 집으로 돌아온다. 〈인디펜던스 데이〉, 〈맨 인 블랙〉, 〈에어포스 원〉 등 너무 많아 도저히 다 열거할 수 없는 이런 영화들은 오락거리로 상영되지만, 명백히 호전적인 제국주의 프로파간다를 보여준다. 이런 영화에는 국민의 향수와 변화하는 시대에 대한 반발이 뒤섞여 있다. 영광스러운 가부장적 남성성에 대한 향수는 전쟁에서 싸우고 싶어 하지 않는 남성들이 '진짜' 남자가 아니라는 은밀한 비판으로 흐른다. 영화 속 이미지는 어리거나 젊은 나이에 죽어버리는 소년과 청년들에 대한 평범한 역사를 지워버린다.

페미니즘은 반전운동의 비폭력주의에 동의했듯이 가부장제와 남성 지배를 없앨 것 또한 요구함으로써 남성성 비판의 토대를 마련했다. 무엇보다 페미니즘 운동은 남성들에게 온전한 인간성을 되찾고, 자신들의 감정에 귀 기울이며 자신을 사랑하고, 또 사랑받을 수 있도록 감정을 표현할 것을 요구했다. 모두가 간과하는 사실은 페미니즘 운동의 진정한 원동력이 여성 개개인의 남성 일반에 대한 실망이었다는 것이다. 비록 동일 노동에 대한 동일 임금과 재생산권의 문제가 운동의 중심에 자리 잡았지만, 여성들의 가장 큰 분노는 남녀 관계에서 비롯했다. 여성은 남성에게 친구든 연인이든 성적 대상으로 취급되는 데 진절머리가 났다. 운동의 초기부터 선견지명을 지닌 페미니스트 여성들은 페미니즘이 남성의 삶도 개선하리라고 진심으로 믿었다. 그리고 사실이 그랬다.

나이 든 강경파 가부장주의자들은 성차별주의를 고수했지만, 많은 남성이 남성성에 대해 다시 생각하려고 노력했다. 놀랄 것 없이, 페미니스트 여성과 연인 관계를 맺고 있는 남성들이 첫 개종자였다. 의미 있는 관계를 잃을까 봐 두려워한 그들은 자발적이지는 않더라도 기꺼이 과거의 관습을 재고했다. 그렇게 그들은 페미니즘 운동과 성 해방의 옹호자가 되었다. 많은 남성이 가부장제의 남성성에 대해 다시 생각하거나 최소한 그러는 척하는 것에 이득(가정의 생계를 혼자 책임지지 않아도 되고 자유분방한 여성들과 섹스를 할 수 있다는)이 있다고 생각했다. 여성의 자유를 옹호했던 내 파트너는 페미니즘에 대한 내 헌신을 지지하고 그 자신도 페미니스트가 되었지만, 새로운 남성성이 어떤 모습일지에 대해서는 뚜렷한 상을 그리지 못했다.

우리는 과거의 가부장적 남성 지배 모델을 버렸지만, 한편으로 우리가 농담조로 말했던 '약골 남성wimp masculinity'에는 관심이 없었다. 모든 성관계가 강간으로 느껴져 발기를 지속할 수 없는 남자들도 있었던 것이다. 혹은 목소리를 높이고 분위기를 이끄는 여성에게 종속되는 남자들도 있었다. 그들은 숨 죽은 채소처럼 전혀 매력적이지 않았다. 모든 관계에는 지배자와 종속자가 있다는 성차별적 관념을 바꾸는 대신 그들은 종속적인 역할을 맡았다. 그리고 이런 남성이 매력적이지 않은 것과 동시에, 여성이 **진정으로** 신남성에게 원하는 게 무엇인지 분명치 않은 것 역시 사실이었다.

남성들은 구식 관습을 완전히 버리지 않은 채 새로운 기대들을 만족시키려 했다. 이에 대해 올가 실버스타인과 베스 래시봄은 『좋은 남자를 길러내기 위한 용기』에서 이렇게 묘사한다. "지난 몇십 년간 일어난 뿌리 깊은 문화적·경제적 변화에 대한 반응으로 남성들은 여태까지 해왔던 역할과 동시에 그 이상을 요구받는다. 때로 상충되게도 신남성은 계속 강하고 과묵한 동시에 정서적으로 교감할 것을 요구받았다. 그들은 저돌적이면서도 공감을 잘하고, 거칠면서도 부드럽고, 냉정하면서도 감각적이고, 존 웨인인 동시에 앨런 알다[*]가 될 것을 요구받는다." 이렇듯 모순적인 기대는 당시의 많은 남자를 그저 자비로운 가부장적 역할로 다시 돌아가게 만들었다. 1980년대 중반의 반페미니즘적 반발은 남성성에 대한 페미니스트의 발언을 상당수 잠재웠고, 가

---

*　　Alan Alda(1936~). 미국 영화배우이자 감독. 존 웨인이 '서부극의 사나이' 캐릭터라면 앨런 알다는 여성 권익을 공개적으로 지지하는 '남성 페미니스트'의 아이콘이다.

부장제에 도전하고 이를 바꾸자는 공적인 요구는 사라졌다. 실제로 여성 혐오적인 랩이 증가하면서 과도한 남성성은 대중문화를 더욱 지배하게 되었다. 그러나 대중이 아무리 반발하더라도 페미니즘이 남성 정체성에 대한 새로운 가능성을 열어주었다는 사실은 변함없다.

'신남성'은 여전히 만들어지고 있는 중이다. 이들은 혼란 속에서도 가부장제에 도전하고 바꾸기로 약속한 남녀에게서 태어난 자손이다. 그들은 열정적으로 여성학을 배우는, 성차별적 사고를 익힌 적이 없는 남자들이다. 1970년대에 마지못해 페미니즘을 받아들인 남자들과 달리, 이 새로운 종족은 페미니즘 덕분에 변화한 세상에 태어났다. 태어난 시점부터 그들은 모든 방식으로 양성평등을 받아들이도록 사회화되고 있다. 이들은 대학에 입학해 여성학 강의를 수강하며 성차별적 사고를 벗어던지는 법을 배운다. 그리고 더 나이 많은 남성들도 이런 노력에 함께하기 시작했다. 이런 남자들의 존재는 페미니즘이 모두를 위한 것이라는 사실을 실생활에서 보여주는 증거다.

가부장제를 지지하는 이들은 미디어를 통제해 페미니스트들이 남성의 적이라는 이미지를 만들어냈지만, 남성들이 페미니즘 운동에 점점 더 참여하면서 이런 잘못된 자화상은 더 이상 유지될 수 없게 된다. 페미니즘에 자발적으로 참여한 남성들은 파트너 때문에 억지로 행동을 바꾸었던 남성들과는 다른 방식으로 페미니즘을 받아들인다. 진보적인 부모(많은 경우 싱글맘) 아래 자란 젊은 남성들은 애초에 강경한 성차별주의적 사고를 가진 적이 없었으므로 벗어던질 것도 별로 없다. 1960년대 말에서 1970년대 초에 내가 페미니즘 운동을 하기 시작했을 때 사회적 논의는 여성이 비행조종사가 되기에 필요한 근력이 있는지를 논쟁하는 수준이었다. 이제 조종사가 된 여성들은 남녀평등을 당연하게 생각하는 아들의 엄마다.

　사고와 행위 양측에서 성차별주의를 반대하는 신남성의 존재 덕분에 여성들은 가부장적 남성에게 더 많은 실망을 느끼게 되었다. 이제 몇몇 남성이 바뀌었으니, 모든 여성은 한때 내재적인 것으로 여겨졌던 성차별적이고 남성주의적인 행동들이 후천적으로 습득될 수 있는 반면 습득되지 않을 수도 있다는 현실을 직면해야 한다. 이 예외적인 남성들은 친구로든 연인으로든 자신이 마주치는 여성들에게 상호적 사랑의 가능성을 보여준다. 성별에 따라 누군가를 우위에, 누군가를 하위에 두는 위계가 없을 때에만 공유와 상호성이 당연하게 여겨지는 환경이 만들어진다. 오래전 나와 파트너는 누가 빨래를 하고 요리를 하고 쓰레기를 버릴지 등의 집안일로 격렬하게 싸웠다. 그는 자기 몫의 일을 하는 게 '자신의 남성성을 손상시키는 것'이 아님을 이해해야 했다. 그건 쉽지 않은 일이었다. 그의 남성 친구들은 종종 '여자한테 꽉 잡혀' 산다며 그를 꾸짖었다. 지금의 나라면 가사에 대한 책임감이 없는 남자에게는 애초에 매력을 느끼지 못했으리라. 하지만 성평등의 가치를 진심으로 포용하는 남자들이 존재한다는 것은 분명한 사실이다.

내가 남자에 관해 글을 쓰고 여자인 친구들과 이 주제로 토론을 시작했을 때, 짝이 있든 없든 여성들이 종종 물어온 질문은 '좋은 남자가 존재하기는 하나요?'였다. 거기에 대한 내 대답은 '물론이죠'다. 대체로 중년에 들어선 이들은 사적 영역에서는 아직 페미니즘적 변화를 받아들이지 않은, 내가 '재정립되지 않은unreconstructed 남자'라고 부르는 이들과 함께 살아간다. 이 남자들은 직장에서는 어떤 식으로든 여성을 동등한 존재로 받아들이지만 집으로 돌아오면 옛날의 성차별적 성역할이 유지되기를 원한다. 많은 남성이 구식 성차별주의를 고수한다는 점은 우리를 낙담시키지만 예외적으로 여느 페미니스트 여성처럼 진보적인 남자들이 있다는 사실은 우리의 삶을 풍요롭게 만든다.

그런데 이런 남성들은 게이 아니면 양성애자인 경우가 많으며, 이성애자라면 나이가 서른다섯 이하인 경우가 많다. 나는 최근 질의응답 시간에 '당신이 어린 남자들을 좋아한다는 게 사실인가요?'라는 질문을 받았다. 나는 단호하게 아니라고 답하고 상대를 선택할 때 내가 가장 끌리는 남자는 진심으로 페미니즘 사상을 받아들이고 실천하는 사람이라고 대답했다. 물론 종종 이런 남자들은 나이가 어리다. 성문제와 평등에 대한 문제로 싸우며 10년 넘게 보낸 관계를 끝내고 나서 나는 내가 굳이 바꿀 필요가 없는 남자를 고르기로 결심했다. 문제는 남자의 변화가 내적 확신에서 비롯되지 않고 상대 여자를 기쁘게 해주기 위함일 경우가 많기 때문에 피상적인 변화에 그치기 쉽다는 점이다. 대부분의 이성애자 여성은 남자의 부정적 행동이 '고쳐졌다'고 생각했다가도 시간이 지나 갈등이나 위기의 순간이 오면 그 행동이 다시 떠오르는 걸 발견한다. 내 또래의 이성애자 페미니스트들은 두 가지 관계, 즉 우리의 권리를 설득해야 하는 남자들과의 관계와 동등함을 포용하는 남자들과의 관계가 우리 앞에 놓여 있다는 것을 알고 있다. 후자를 경험해본 여자는 여간해선 '재정립되지 않은' 남자와 친밀한 관계를 맺을 이유를 떠올리지 못한다.

태어날 때부터 정서적으로나 지적인 측면에서 건강하게 키워진 남자들은 사랑이 자신들을 약화시키거나 강한 여성이 그들을 위축시킬까 봐 두려워하지 않는다. 이런 남자들은 '고쳐질' 필요가 없다. 애초에 사랑을 하기에 엉뚱한 장소에 있지 않기 때문이다. 『좋은 남자를 길러내기 위한 용기』의 저자 실버스타인과 래시봄은 전인적인 남성이 되고 정서적 건강을 찾는 데 가부장적 남성성이 방해가 된다는 증거들을 모았다. 그들은 소년들이 건강한 분리를 위해 엄마에게 반항할 필요가 있다는 기존의 생각에 문제를 제기하면서, 남성의 폭력과 분노가 정서적 자기표현을 방해한다는 점을 설득력 있게 보여준다. 전인적인 남성의 상호소통 작용을 살펴보면 자신들의 감정에 민감하게 반응하고 소통하며, 정서적으로 닫혀 있거나 방어적인 남성들보다 더 만족스러운 관계를 맺는다는 것을 알 수 있다. 그들은 여성들과 마찬가지로 사랑하고 사랑받고 싶은 욕망을 부끄러워하지 않고 표현한다.

신남성은 사적 교류에서 타인을 지배할 필요를 느끼지 않는다. 그들은 주목의 대상이 되거나 자신을 중심에 놓지 않고도 대화할 수 있다. 이런 점은 여성을 기쁘게 한다. 대부분의 가부장적 남성은 여성과 솔직하게 대화하기를 어려

위하며 남성들 사이에서도 대화를 지배하려고 한다. 그들은 들어주는 데 실패하고 대화에 참여하지 못한다. 그들은 보통 대화하기보다 연설하거나 혼자 이야기한다.

페미니즘을 옹호하든 그렇지 않든 간에, 모든 여성은 잘 듣고 반응해주는 남자를 좋아한다. 이야기하는 것은 여성적인 것으로, 침묵을 지키는 것은 남성적인 것으로 간주되는 까닭에 터놓고 이야기하는 남자들은 게이가 아닌지 의심받아야 했다. 대부분 의미 있고 상호적인 대화를 나눌 수 있는 남자를 갈망해온 여성들은 이런 속성 때문에 신남성을 매력적이고 멋진 상대로 여긴다. 실로 여자들은 그런 남자와 함께 있으면 동성 친구와 있는 것처럼 느꼈다. 사적인 대화에서 대부분의 여성은 가부장적 남성 대신 여자 친구처럼 소통할 수 있고 마음 맞는 남자와의 관계를 선호한다고 인정했다. 상호적인 대화를 할 수 있는 남자를 원한다고 말했던 여성들은 종종 여성의 주체성을 존중하는 남자를 만나면 굴복했는데, 성관계에 관련된 주체성일 경우에 특히 그랬다.

몇 년 전에 나는 『강간 문화를 변화시키기』라는 산문집에서 내 몸을 진정으로 존중하는 남성을 연인으로 맞이했을 때의 첫 혼란과 두려움에 대한 짧은 글을 쓴 적이 있다.

섹스의 모든 단계에서 거절할 권리를 포함해 모든 성적 감정을 표현할 수 있게 되자 나는 어쩔 줄을 몰랐다. 상대의 감정이나 성적 욕구보다 자신의 만족을 우선시하는 남자들에게 너무도 익숙했던 것이다. 다른 경우와는 전혀 다르게, 그 관계에서 나는 한 순간도 내가 느끼지 않은 것을 느낀 척할 필요가 없었다. 내 모든 감정은 기꺼이 받아들여졌다. 종종 여성은 성관계에서 자신이 불만이나 불편을 표현하면 남성이 적의를 나타내는 경우를 경험한다. 그래서 내 새로운 관계에 대해 여자 친구들과 이야기를 나눌 때면, 그들은 계속해서 '그 사람, 게이가 아닌 건 확실해?'라고 물었다. 나는 거기서 중요한 교훈을 얻었다. 남자들이 바뀌기를 원하지만, 막상 그들이 변했을 때 우리는 우리가 요구했던 자유를 받아들이고 주장할 준비가 되어 있지 않다는 것을.

세상은 아직 신남성을 완전히 받아들일 준비가 되어 있지 않다. 그들의 행동은 그 어떤 페미니즘 이론보다 남성성에 대한 관습적인 믿음에 도전하는 것이기 때문이다. 존 스톨튼버그의 『남성의 종말』은 그들이 가부장적 남성성을 거부할 때 어떤 과정을 거치는지를 자세히 보여준다. 저자는 남자들이 가부장적 남성보다 정의를 사랑하는 법을 배우고 있다는 점을 강조한다. "지각 있는 남자로 살아가는 법을 배운다는 건 다른 남자들이 당신의 남성성에 대해 판단하는 기준에 매달리기보다 당신이 사랑하는 사람에 대한 신의가 **언제나** 더 중요하다고 믿기로 선택했다는 뜻이다."

진보적인 남성이 존재하는 상황에서 이제 평등에 대한 여성의 참여 양상이 시험대에 오르게 되었다. 성차별에 반대하는 남성들이 등장하자 페미니즘이 여성을 우위에 두는 것이라고 여겼던 이들은 궁지에 몰렸다. 진정한 평등은 여성이 마음의 문제나 양육과 사랑의 행위에서 '우월한 성'이라는 생각조차 버려야 함을 뜻한다.

나는 남성이 '지배하되 너무 지배하지는 않기'를 원하는 여성들이 성차별에 반대하는 남성들을 비난하는 소리를 끝없이 듣는다. 그것은 신남성이 남성적이지 않을 거라는 두려움에 많은 여성들이 가지는 복잡한 기대의 표현이다. 남성다움의 의미는 성차별적 명칭에서 비롯되어 바뀐 것이기에, 우리에게는 신남성을 평가할 기준이 없다. 남성에게 바라는 덕목이 뭐냐는 질문을 받은 여성들은 종종 '힘'이라고 답한다. 힘을 정의하라고 하면 그들은 보통 남성이 자신의 행동에 대해 책임감을 가지고 결단력 있게 행동하기를 원한다고 말한다. 많은 여성이 원하는 것이기도 한 이런 특성은 성숙하고 정서적으로 건강한 개인이라면 누구에게나 나타날 수 있다.

평등을 받아들인다는 건 우리 모두가 '성차'라는 개념에 대해 집착하지 않게 됨을 의미한다. 페미니즘적 남성성을 긍정하는 건 페미니즘이 여성의 자아실현을 주장하는 것과 비슷하게 여겨진다. 내가 처음으로 여성학을 가르치기 시작했을 때만 해도 수강생들은 거의 모두 여자였다. 그리고 서서히 변화가 일어났다. 페미니즘 강의를 듣는 남자들은 성역할에 문제의식을 느끼기 시작했다. 그들은 가부장적 모델을 따르지 않고 남성으로서 자아실현을 할 방법을 찾고 싶어 했다. 페미니즘적 해방을 찾는 남성들을 가르치고 이끌 자료들은 지금도 여전히 부족하다. 성차별에 반대하는 남성들은 그들 주변을 온통 둘러싼 성차별적 관념에 순응하라는 압력 때문에 숨고 싶어 한다. 해방된 남성성이 어떤 모습이며 어떤 느낌인지를 알기 위해서는 그들의 이야기를 들을 필요가 있다.

그들은 여성들이 만나고 싶어 하는 '좋은 남자'들이다. 그들과 함께라면 여성들은 성폭력의 위협이나 지배를 두려워하지 않을 수 있다. 그들에게는 여성을 공격함으로써 증명해야 하는 남성성이 없다. 좋은 남자에 대한 유용한 정의를 제안하며 실버스타인과 래시봄은 다음과 같은 통찰을 보여준다. "좋은 남자는 좋은 여자와 마찬가지로 공감할 줄 알고 강인하며 독립적이면서 연결되어 있고 자신과 가족, 친구, 사회에 책임감을 느끼며 그런 책임감이 필수적임을 이해한다." 나는 내 직업 덕분에 좋은 남자들을 많이 알게 됐다.

페미니즘에 대한 반발은 나이를 막론하고 페미니즘 사상과 실천을 향한 남성의 움직임에 반대하는 방식으로 시작된다. 성차별에 반대하는 '좋은 남자'들이 자신의 존재를 알리고 목소리를 낼수록 여성들은 가부장제의 고요한 감옥에 갇혀 있는 남자들에게서 돌아설 것이다. 페미니즘이 여성의 전유물일 때 가부장적 문화는 별로 타격을 입지 않는다. 남성이 더 많이 개입할수록 페미니즘 혁명은 가부장제를 끝낼 수 있는 위협이 된다. 페미니즘은 이 같은 삶을 긍정하는 희망찬 변화에 반대하는 이들에게 맹렬히 공격받았다. 그 어떤 반동적인 프로파간다도 페미니즘이 이미 여성들이 원하는 상호적 사랑을 줄 수 있는 신남성들이 존재하는 세상을 만들었다는 현실을 바꿀 수는 없다. 신남성 중에는 사랑할 준비를 갖춘 게이들도 많으니, 이성애자 남성들은 그들을 역할모델로 삼을 수도 있다. 남성 파트너와 함께 사랑을 탐색하기를 원하는 여성들은 우선 가부장제 안에서는 그것이 불가능하다는 사실을 인정해야 한다. 이런 인식이 확산될 때 더 많은 남성이 해방을 선택할 것이다.

사랑에 대해 이야기하며 전국을 돌아다니면서, 나는 사랑이라는 작업을 기꺼이 수행하고 싶어 하는 남성을 여럿 만났다. 그들은 그 작업이 어려운 이유가 페미니즘적 남성성을 긍정하는 구조적 뒷받침이 부족하기 때문이라고 했다. 자기애를 실현하기 위한 길은 남성에게나 여성에게나 험난하다. 자신을 제대로 사랑하기 위한 여정을 시작하려면 우리는 모두 어린 시절로 돌아가 스스로를 다시 양육해야 한다. 나는 많은 성인 남성에게서 어렸을 때는 자신도 사랑과 가까운 사람이었다는 고백을 들었다. 그러나 그들의 사랑할 권리는 어른들에게 놀림받았고 무시당했다. 스스로를 사랑하기 위한 여정에 오른 그들은 마음을 열고 감정을 자연스럽게 받아들일 때 겪는 기쁨을 되찾으려고 노력했다.

'사랑을 행하는 남성'은 아직 '사랑을 열망하는 남성'만큼 많지 않다. 그래도 남성들이 사랑을 열망한다는 것은 가능성이 있다는 뜻이다. 남자를 사랑하고 그들이 자유로워지기를 원하는 여자들은 남자들이 사랑을 되찾기 위해 하는 이야기에 기꺼이 가슴을 열고 귀를 기울인다. 우리는 화성에서 온 남자가 아니라 바로 이 지구에서 사랑을 주고받는 남자들이 쓴 책을 읽고 싶다. 이들이 우리에게 치유의 지혜를 줄 수 있다. 이들의 가슴이 말하는 바를 듣게 된다면 사랑의 대화가 시작될 것이고, 그때 진정한 이성애적 교감은 가능해질 것이다.

13장 동성애라는 합리적인 선택지

    사랑을 찾는 여성이 모두 남성을 원하는 건 아니다. 동성애는 언제나 존재해왔고, 점점 더 가능한 선택지로 여겨지고 있다. 오늘날 레즈비언은 선천적인 동시에 자발적인 선택이다. 다시 말해 개인의 성적 취향이 유년기에 형성되는 만큼 여성이 레즈비언이 되기를 선택할 수도 있다는 뜻이다. 또 그 선택은 인생의 후반기에 이루어질 수도 있다. 1990년대 들어 레즈비언의 존재가 수면 위로 많이 드러나면서 이전에는 여성을 잠재적 파트너로 보지 않았던 많은 여성들이 마음을 바꾸었다.

    셰어 하이트의 『여성과 사랑』에는 여성을 사랑하는 여성에 대한 섹션이 포함되어 있다. 그중 가장 놀라운 건 평생 이성애자로 살아온 많은 여성이 중년에 들어 여성과의 관계를 선택한다는 점이었다. 이 여성들은 이전까지 남성들과는 결코 갖지 못했던 친밀한 연대가 여성과의 관계에서 기능했다고 주장한다. 『이웃집 소녀들』의 공저자 린지 반 겔더는 자신이 "꽤나 만족스러운 삶을 살던 이성애자였음"을 '고백'한다. 하지만 남자들과 성관계를 즐기면서도, 그녀는 "내 인생의 남자들이 종종 정서적으로 실망스러웠다"라고 말한다. 페미니즘 운동의 초기에 레즈비언들이 이성애자 여성에게 가진 의문은 왜 남성에게 실망하면서도 자신의 욕망을 만족시킬 다른 여성을 찾지 않느냐는 것이었다. 반 겔더는 "우리가 사랑하는 여성과의 우정이 가진 모든 특성들(이해, 편안함, 친밀감)을 열정적인 성적 범주에 넣어 설명하기가 특히 어려웠다"라고 회상했다. 일부일처제의 결혼을 한 그녀가 동성애를 경험하고 드디어 진심을 다해 자축하며 레즈비언이 되기로 선택하기까지는 오랜 세월이 걸렸다.

나 역시 열아홉 살 때 처음으로, 남자와 함께하기로 한 내 선택에 대해 레즈비언 여성들과 대립을 겪었다. 페미니스트 모임에서 만난 많은 여성과 달리, 나는 여성들과 함께하는 것에 익숙했다. 다섯 자매와 함께 자란 나는 사회가 여성의 성에 대해, 여성들이 서로 어울리는 것에 대해 가진 두려움을 인지하고 있었다. 학교에서 친구에게 우리 집에 여섯 자매가 있다고 하면 그들은 괴성을 지르며 마치 우리 집이 괴물로 가득 찬 것인 양 굴었다. 어른들은 우리가 6녀 1남 이라는 말을 들으면 더욱 부정적인 반응을 보였다. 사람들은 우리와 한 집에 살아야 하는 아버지와 오빠를 동정했다.

성차별주의가 뭔지 이해하기도 전에 나는 이런 반응을 통해 사람들은 여성들이 한데 모인 그룹을 두려워한다는 사실을 먼저 깨달았다. 여자가 지배하는 가정을 두려워하는 심리에는 여자 한 명조차 이미 충분히 '문제'라는 전제가 깔려 있었다. 교회에서는 여성이 악의 전달자라고 배웠고, 사회는 여성이 많이 모일수록 죄와 성도착의 가능성이 커진다고 경고했다. 그러나 여성이 중요하게 여겨지는 가정에서는 즐거움과 기쁨을 더 많이 나눌 수 있다는 것을 우리는 경험적으로 알고 있다. 사람들은 여학교에서처럼 여자가 많은 우리 집에 틀림없이 레즈비언이 있을 거라고 추측했을지 모른다. 남자애들은 나를 포함해 우리 자매가 모두 레즈비언일 거라고 말하기도 했다.

그런 분위기에서 자란 나는 언제나 동성애가 여성에게 주어진 선택지임을 이해했다. 작은 마을에서 레즈비언으로 알려진 여성들은 보통 유부녀였다. 몇몇이 그녀들의 행동에 대해 떠들고 다니고 몇몇은 그들을 피했지만, 우리 엄마는 그녀들이 흥미롭고 매혹적인 존재인 것처럼 말했다. 나는 대학에 가서 페미니즘 운동에 열정적으로 뛰어들었지만, 남자와의 관계에 대한 심문을 두려워하지 않았다. 나는 여성들의 모임에 속하기를 꺼리지 않았다. 그리고 여자가 여자를 사랑한다는 것은 완벽하게 말이 된다고 여겼다. 내 주변의 젊은 여성들은 여자들만의 모임에 발 들이기를 무서워했다. 몇몇은 가입하는 것만으로 그들이 레즈비언이 '될까 봐' 겁먹었다. 30년이 지난 지금 생각해보면, 성차별적 사고를 벗어던질수록 이성애가 '자연스러운' 것이 아니라 문화적으로 습득된 것임을 알게 되며 우리가 여성을 사랑의 상대로 여길 가능성이 커진다는 그들의 주장은 옳았다.

『이웃집 소녀들』에서 저자들은 레즈비언으로 정체화하지는 않더라도 적어도 한 번쯤 동성과 사귀어보는 경험이 1990년대 들어 더 세련된 것으로, 진보적인 여성이 관심을 가질 만한 선택으로 여겨지는 이유에 대해서는 깊이 있게 탐구하지 않았다. 그러나 그들은 "에이즈, 데이트 강간, 성폭력 등으로 이성애에서 떨어져 나온 여성들이 섹스와 로맨스의 새로운 상대를 찾아 헤매고 있다"는 것을 하나의 이유로 든다. 더 그럴듯한 다른 이유는 레즈비언들이 자신들의 애정 생활에 대한 실질적 이야기들을 할수록 더 많은 이성애자 여성, 특히 중년에 혼자 사는 여성들은 그 축복받은 관계의 이미지와 이야기에 매혹된다는 것이다. "레즈비언은 종종 나이 들고 뚱뚱하고 '여성스럽지' 않거나 필요 이상으로 똑똑하더라도 서로 사랑에 빠지는 데 장애물이 되지 않는다. 레즈비언 사회는 여성이라는 점을 공유하고 있다는 사실로 이루어지며, 여성은 양육과 교감, 끝없는 감정 토로를 원한다는 식으로 정형화된 젠더라는 것 역시 잘 알고 있다. 우리 삶이 힘들지라도 그건 우리 중 하나가 화성에서, 다른 한 명은 금성에서 왔기 때문은 아니다."『여성과 사랑』에 따르면 이성애자 여성 90퍼센트가 생각과 감정을 공유하기를 거부하는 남성과의 관계에서 정서적으로 실망한다. 또한 여성을 사랑하는 여성은 관계에서 지속적으로 상호 교류가 되어 만족스럽다고 대답했다.

게이든 이성애자든 양성애자든 간에 레즈비언과 함께 살거나 주변에 레즈비언을 지인으로 둔 여성들은 이성애 관계에서와 마찬가지로 레즈비언들의 관계에서도 갈등과 불화가 있다는 걸 알고 있다. 그러나 이성애 관계에서와 다른 점은 갈등에 반응하는 방식이다. 만약 레즈비언 관계가 관습적인 성차별적 젠더 역할과 닮아 있는 경우라면, 갈등을 맞닥뜨렸을 때의 반응은 이성애 관계에서와 다르기보다 유사한 모습을 보일 것이다. 레즈비언 관계를 편협하게 낭만화하지만 않는다면, 여성을 사랑하는 여성이 이전에 남성과 맺었던 관계에서보다 더 많은 만족을 느낄 것임을 뒤늦게 알게 되는 경우가 많다.

내가 직접 만났던 학생들을 포함해, 확실히 젊은 여성들 사이에서는 남녀 양쪽과 연인 관계를 모두 경험해보는 것이 일반적이다. 유명한 드라마 〈섹스 앤 더 시티〉의 한 에피소드에서 넷 중 가장 나이가 많고 성적으로 자신만만하며 남을 의식하지 않는 서맨사는 아름다운 여성 아티스트와 낭만적 관계를 맺는다. 서맨사는 이미 대학생 때 동성애를 경험해봤다고 친구들에게 말한다. 이런 내용이 텔레비전에까지 나왔다는 건 이미 문화적으로 많은 사람이 변화했음을 보여준다. 한때 주요 시간대의 인기 쇼였던 〈엘런〉에서처럼, 이 소녀들은 여성의 성적 자율권에 대한 관습적인 성차별적 사고에 반발한다.

『여성과 사랑』에서 여성들은 평등의 맥락에서 사랑을 알고자 하는 욕망이 동성애에 대한 관심을 자극하는 기반이 되었다고 증언했다. 무엇보다, 갖은 세파를 겪고서 새로운 관계를 선택하는 여성들은 무엇을 피해야 하는지를 경험으로부터 배웠을 확률이 크다. 이런저런 경험을 할 만큼 해봤을 때쯤이면 많은 여성은 어느 쪽 성과도 권력 싸움을 하고 싶어 하지 않는다. 『여성과 사랑』의 '여자와의 관계는 다른가?'라는 섹션에서 한 여성은 이렇게 대답한다. "여성운 동가들은 관계에서의 문제는 남자가 너무 마초이기 때문이라고 말해요. 즉, 남자들은 결코 사과하지 않고 상대의 감정을 물어보지도 않는다는 거죠. 가장 좋은 관계는 동성 간의 관계, 특히 여성 간의 관계예요. 사람들은 자신이 세상에서 가장 좋은 기회를 얻었고, 훨씬 평등하고 함께 있으면 훨씬 좋은 시간을 보낼 거라고 말해요. 하지만 그럼에도 갈등은 있을 수밖에 없어요. 우리가 배우는 건 거기에 잘 대응하는 것이고, 어쨌든 한 팀으로 남으려고 노력하는 거예요. 여성들은 이 '팀'이라는 개념을 잘 이해하죠." 오랜 세월 남자와 지내다 레즈비언이 되기로 선택한 여성들과 언제나 레즈비언으로 살아왔던 여성들 간의 관계에 기대와 만족도의 차이가 있다는 연구를 본 적은 없다. 그들은 그런 관계를 만들어냈고 그게 가능하다고 믿기로 결심했다. 그렇기 때문에 여성과 사랑하는 여성들은 관계에서 훨씬 밀도 높은 감정적 교류와 친밀감을 찾으리라 기대한다. 그리고 그들은 자신이 구하는 것을 찾을 것이다.

젊은 시절 나는 페미니스트로서 내가 파트너를 남성과 여성 사이에서 고를 수 있다고 생각했고, 그런 생각은 나에게 개인적인 힘을 부여했다. 나는 반드시 남자와 사랑해야 한다는 이성애적 억압에서 자유로워졌고, 남자를 주된 잠재적 파트너로 여겨야 한다는 생각에 초조함과 염려를 느끼지 않을 수 있었다. 모임에서 우리는 종종 스스로를 레즈비언으로 여기지 않는 여성들이라 할지라도 저항의 의미로 욕망의 대상에 여성도 포함시켜야 한다는 이야기를 했다. 그럼으로써 우리는 원치 않게 속수무책으로 남성에게 끌려가지 않을 수 있으리라 믿었다. 여성끼리 지내기를 선택하면 우리가 더 행복해질 거라고 확신했기 때문에 레즈비언 여성들도 대부분 이런 생각을 지지했다. 한편 분리주의 레즈비언들은 진정한 페미니스트라면 이성애자로 남을 수 없다고 주장했다. 그렇게 해서 '페미니즘은 이론, 레즈비언은 실천'이라는 유명한 슬로건이 탄생했다. 아이러니하게도 이 말은 많은 레즈비언이 더 이상 주변의 이성애자 여성들보다 페미니즘에 관심이 없음을 뜻하기도 했다.

진지한 레즈비언 페미니스트 사상가들의 글은 보통 게이의 생활방식에 대한 유토피아적 이미지에 딴지를 건다. 케이 헤이건은 『일시적인 정보』에서 '진정한 페미니스트는 레즈비언이어야 하는가'라는 질문에 대한 답으로 다음과 같이 새삼스럽게 반응한다. "레즈비언들이 반드시 이성애자 여성보다 더 페미니스트인 것은 아니다. 실제로 그들은 전혀 페미니스트가 아닐 수도 있다. 이전에 부각된 바 있듯이, 누구도 남성 우월주의가 부과한 지배-종속 패러다임에서 탈출할 수 없는 것이다. 레즈비언 역시 새로운 관계를 만들어내기 위해 열심히 노력해야 한다. 단순히 남자를 피하는 것만으로는 자기 안에 내재되어 있거나 스스로 무의식적으로 따르고 있는 억압적 가치들을 없애지 못한다." 페미니즘 운동에 열성적인 레즈비언들은 여자들 간의 갈등이 단순히 자매애를 통해서 사라지지는 않을 것을 알았던 것처럼, 가부장적 남성이 성차별적 규범에 도전하는 여성을 잘 대해주지 않으리라는 점도 이미 알고 있었다.

　페미니스트가 아닌 레즈비언들은 이성애자 여성들이 표현하는 것보다 훨씬 관계에 대해 비관적 시각을 드러내는 경향이 많았다. 메이 사턴은 여성과의 관계가 남성과의 관계보다 좋은지를 묻는 젊은 여성의 질문에 상대방의 성별에 상관없이 사랑에 대한 헌신이 관계의 결과를 결정짓는다는 걸 기억하라고 당부한다. "당신이 특히 또래의 여성에게 끌린다는 걸 잘 알겠어요. 모든 면에서 남자 애인보다 여자 애인을 가지는 게 훨씬 편하답니다. 그리고 어쩌면 사랑에 대해 이해할 수 있는 나쁘지 않은 방법이에요. 자신의 몸을 사랑하고 자신이 느끼고 다른 이에게 줄 수 있는 모든 것에 감사하게 되는 거죠." 남자와의 관계에 대해서도 차단하지 말라고 그녀는 경고한다. "듣고 싶지 않겠지만 솔직하게 말할게요. 어린 친구들이 내 영향을 받아 선택의 가능성을 성급하게 좁히지 않고 남자들에게도 길을 열어두길 바랍니다." 현명하게도 사턴은 헌신의 가치를 강조하며 어린 독자들에게 말한다. "만약 한 여성을 진정으로 사랑한다면, 그녀와 함께 삶을 만들어가세요. 그러나 단순히 방종해지려는 삶은 당신의 깊은 갈망을 채워주지 못할 겁니다." 분명 사랑을 탐색하는 여성들은 자신의 진정한 욕망과 소망을 염두에 두고 인지할 필요가 있다. 많은 레즈비언이 그저 새로운 모험을 원했던 이성애자 여성 때문에 가슴 찢어져본 경험이 있다.

오늘날 얼마나 많은 젊은 여성이 만족스러운 관계를 찾고 자신의 진정한 욕망을 알기 위해 남녀 모두와 관계를 맺는지 생각하면, 1980년대 초반에 쓰인 메이 사턴의 글은 특히 선견지명이 있다. 비록 레즈비언 관계 주변에서 우유부단하게 얼쩡거리는 여성들이 소위 '진성' 레즈비언의 심기를 거스를 수도 있겠지만, 젊은 여성들이 다양한 범위의 관계를 시도해보는 것은 이성애적 성차별주의와 가부장적 사고에 대한 저항이자 호모포비아에 대한 도전이 될 수 있다. 이 젊은 여성들이 어떤 선택을 하든 결국 그들은 각자의 승리를 이끌 수 있도록 탐험하고 배울 자유를 행하는 것이다.

젊은 여성들에게 부끄러워하지 않고 여성을 파트너로 선택할 자유가 있다면, 그것은 성차별주의와 호모포비아를 멈추고자 했던 이전 세대의 투쟁 덕분이다. 다양한 선택을 시도하려는 그들의 결심은 보통 가부장제와 남성 지배에 대한 의문에서, 그리고 윗세대에게서 목격한 것과는 다른 관계를 맺고자 하는 욕망에서 나온다. 여성을 사랑하는 여성은 지배와 예속 대신 상응과 호혜의 패러다임을 택한 것이며, 그들의 사랑은 그간 학습되어온 모든 로맨스의 속성에 대한 저항이다. 보통 이런 저항 의지는 사회정의를 위한 급진적인 정치 운동에서, 혹은 다른 관계에서의 불행을 받아들이기 위해 노력하는 과정에서 형성되곤 한다는 사실에 주목하자.

그렇다고 레즈비언들이 우리 사회의 다른 집단들보다 사랑의 기술 면에서 더 많이 사회화된 존재라고 볼 수는 없다. 레즈비언과 이성애자 여성 사이를 구분하는 선은 대개 성적 구분으로 기능해왔기 때문에, 동성애가 주제가 될 때면 섹슈얼리티의 측면이 사랑이라는 주제를 통틀어 논할 때보다 더 자주 거론되었다. 이성애자나 양성애자와 마찬가지로 레즈비언 역시 여자들이 사랑에 대해 이야기할 때 그것이 무엇을 의미하는지 이해하려고 부단히 노력한다. 여성들 사이의 관계 역시 지배문화의 관계에서 흔히 나타나는 무시와 배반의 상처로 고통받는다. 다른 모든 여성과 마찬가지로 레즈비언도 일반적으로 지배, 중독, 다양한 학대와 폭력 때문에 제대로 기능하지 않는 가족 안에서 자랐다. 그런 상황에서 배우는 습관들이 사랑에 대한 관습을 포함해 성인으로서의 우리의 행동을 형성한다. 여기에 더해 호모포비아에도 굴하지 않고 자신을 사랑하려는 노력을 생각해보면, 사랑을 향한 레즈비언의 분투는 같은 문화에서 자라난 그 누구 못지않게 격렬하고 치열할 것이다. 준 조던은 「사랑은 어디에」라는 글에서 "언제나 우리의 행위를 새롭고 긍정적인 곳으로 데려다주는 것은 사랑"이며, 그런 사랑은 우리가 자기애의 안전한 토대를 가시고 있을 때만 가질 수 있음을 상기시켜준다. 우리가 사랑의 관습에서 섹슈얼리티에 대한 주제를 유달리 여길까 우려한 그녀는 이렇게 경고한다. "나는 두 사람의 관계에 더 큰 행복을 가져다주기 위해 꼭 반대편 성이 필요하다는 데 동의하지 않는다. 섹슈얼리티에 국한해 하는 말이 아니다. 사랑에 대해, 모든 타인에 대한 깊은 관심과 존경에 대해, 긍정적이고 안정적인 자기애에서만 나올 수 있는 사랑에 대해 이야기하는 것이다." 모든 여성은 사랑의 기술을 배우는 데 힘써야 한다.

노력의 핵심은 전념을 다해 솔직해지는 것이다. 해리엇 러너의 『기만의 춤』은 사회적으로 학습되는 여성성이 여성 자신을 스스로의 감각과 진실에서 멀어지게 만든다는 것을 여러 방식으로 풀어낸 책이다. 이 학습된 행위는 종종 여성이 내면의 자아를 알지 못하게 가로막는다. 내면으로 들어가는 대신 여성들은 다른 사람을 즐겁게 하고 그들이 원하는 사람이 되려고 노력한다. 모든 여성이 위장에 익숙해지면서 자신과 다른 이들이 받은 피해를 깨닫기 전에는, 우리는 사랑으로 가는 길을 내딛을 수 없다. 진실을 말함으로써 우리는 가식과 거짓을 없애버릴 수 있게 된다. 에이드리엔 리치는 『여성과 명예』에서 진실된 관계의 연인들에 대해 이렇게 말한다. "그들은 기억해야 할 진실을 말하는 데 전념했을 때에만 '사랑'이라는 단어를 사용할 권리를 갖는다. 이는 인간의 자기기만과 고립을 무력화시키는 중요한 시도다. 이런 시도를 통해 우리는 스스로에게 정의를 행사하는 것이다. 그리고 이런 고된 길을 우리와 함께 갈 사람이 결코 많지는 않을 것이다." 예전 그 어느 때보다 여성들이 기꺼이 사랑의 작업을 하고 사랑의 여정에 몸을 싣는 여성들을 찾아낸다는 사실은 흥미롭다. 준 조던이 선언하듯 이 작업을 통해 "우리는 사랑의 정확한 위치를 알게 될 것이다. 사랑은 여기, 우리들 사이에 있으며, 점점 더 강해지고 강해질 것이다."

14장 보스턴 결혼에서 배울 것들

많은 여성은 변치 않는 깊은 우정 안에서 영속적인 사랑의 모습을 목격한다. 반면 많은 경우 확고한 이성애자 여성들은 평생 동성과도 이성 파트너와도 진정한 사랑을 느끼지 못하고 살아간다. 가부장제 안에서 결혼이 가진 가장 큰 비극은 너무도 많은 커플이 이혼한다는 것이 아니라, 더 많은 커플이 서로를 사랑하지 않은 채 결혼 생활을 유지한다는 데 있다. 관계에 크게 애정을 쏟으며 나이 들어가는 여성들과 이야기할수록, 나는 사랑 없이 관계를 지속하는 것보다 자기애와 자아실현으로 충만한 채 고독한 것이 훨씬 낫다는 말을 많이 듣는다. 소녀 시절을 기독교적 전통 안에서 보낸 나는 "채소를 먹으며 서로 사랑하는 것이 살진 소를 먹으며 서로 미워하는 것보다 낫다(잠언 15장 17절)"라는 성경 구절을 곰곰이 생각해보았다. 부과된 고독보다 자발적인 고독은 언제나 나았다.

『올 어바웃 러브』에서도 나는 우리 중 많은 이가 가족이나 낭만적 관계에서보다 우정의 맥락에서 사랑을 배운다는 점을 강조했다. 슬프게도 로맨스에 관한 성차별적 관념은 관계 내 지배 구조를 낭만화하며 남녀가 사랑을 배우지 못하게 막는다. 연인 관계에서 여성 혹은 종속적인 남성은 가장 편한 친구와의 관계에서도 허용되지 않을 모든 종류의 학대를 감당한다. 그렇다면 독립적인 여성, 특히 싱글 여성이 중년 이후 사랑의 기술을 배우면서, 연인 관계에서도 찾을 수 없었던 진정한 사랑을 남녀를 막론한 친구 사이에서 새롭게 발견한다는 사실은 놀랍지 않다.

빅토리아 시대에 낭만적 우정은 동성애자와 이성애자를 막론하고 또 남녀를 불문하고 동성인 친구 사이에서 모두 존재했다. 이런 낭만적 우정에 성관계는 부재하더라도 에로스적 열망은 충분했다. 오늘날 성적sexual이지 않은 에로스적 열망은 의미 없는 것으로 치부된다. 누군가와 강렬하게 에로틱한 감정을 느끼고도 성관계로 귀결시키지 않으면 무언가 잘못된 것으로 여겨지는 것이다. 낭만적 우정이 다른 형태의 우정과 다른 점은 그들의 강렬한 유대에 에로틱한 측면이 있다는 점, 그리고 그 에로틱한 측면이 유대를 강화하고 심화하는 동력으로 작동한다는 점이다.

중년에 사랑하게 된 여성 중 다수는 사랑에서 성적이지 않으면서도 깊고 영속적이며 친밀한 유대 관계를 원한다. 그러면서도 그들은 그 유대가 소중한 헌신으로 존중되고, 결혼 서약처럼 서로를 깊이 결속시키기를 원한다. 낭만적 우정의 정신을 따르는 여성들은 평생의 파트너 혹은 평생 같이 살지 않고도 평생의 관계를 유지하고자 한다. 때로 함께 사는 이들 간의 낭만적 우정은 둘 중 하나가 제3자와 사랑에 빠져 낭만적 관계를 약속하면서 바뀐다. 그러나 19세기에서처럼 이런 낭만적 우정은 양상이 바뀔지언정 반드시 해체될 필요는 없는 것이다.

생전 처음으로 사실혼 관계를 끝내면서 나는 내가 다시는 한 사람과 일대일의 배타적인 연인 관계를 맺으려 하지 않으리라는 것을 알 수 있었다. 나는 단일한 배타적 관계를 넘어 확장된 유대 관계를 바탕으로 한 집단적 사랑이 최선임을 진심으로 깨달은 것이다. 첫 파트너는 내 깊은 낭만적 우정에 놀라워했지만, 그다음 파트너는 낭만적 우정을 나누는 사랑의 유대 관계의 중요성을 온전히 이해했다. 여성 간 낭만적 우정 관계는 대개 각자 결혼하거나 짝을 찾으면 와해되었는데, 여성 개인이 페미니즘적 사고방식을 가지고 있지 않을 경우 특히 그랬다. 페미니즘을 만나면서 우리 중 많은 이는 여자 친구들 사이의 유대를 남자 파트너와의 관계와 마찬가지로 소중하게 여기게 되었고, 남자 친구들과의 성적이지 않은 관계도 성적 관계만큼 소중하게 여기게 되었다. 이런 의식화는 가부장제가 존재하는 한 계속되어야 했다. 그런 관계야말로 소녀와 여성들이 서로 간의 유대가 지닌 가치를 충분히 인지하고 모든 관계를 동등하게 인정하도록 가르치기 때문이다.

호모포비아로 가득한 문화에서 성적이지 않은 동성 간 깊은 친밀감은 종종 이성애자와 동성애자 모두에게 수상쩍게 보였다. 그런 이유로 동성 간 낭만적 우정을 나누는 여성들이 그 연대에 대해 공공연히 말하기란 어려웠다. 내가 성별에 관계없이 맺고 있던 낭만적 우정을 눈치챈 친구들과 지인들은 우리가 단지 성적 욕망을 억누르고 있을 뿐이라고 주장했다. 하지만 그건 사실이 아니었다. 우리는 에로스를 헌신적인 우정을 강화하는 토대로 사용하기로 선택했고, 그 선택은 아주 편안했다. 우리는 성적 관계를 맺는 파트너와 나누는 사랑의 서약을 낭만적 우정에서도 동일하게 나눌 수 있다.

여성은 때로 게이 남성과 깊은 사랑의 유대를 가질 수 있다. 이런 지속 가능한 헌신은 양쪽의 삶을 변화시킨다. 이성애적이고 가부장적인 문화에서는 결혼을 통한 남녀 간 관계만이 유일하게 허용되고 가치를 인정받는다. 페미니즘과 동성애자 인권운동이 이런 생각을 얼마간 바꾸었지만, 성적이지 않은 파트너십이 이성애 관계에서 당연시되고 존중되기란 여전히 어렵다. 그래서 평생 유지되는 낭만적 우정이 몇 년 만에 끝나는 이성애적 관계보다도 중요하지 않게 여겨지는 것이다.

낭만적 우정은 누군가와 의미 있고 지속적인 친밀한 관계를 만드는 데 성관계가 필수적이라는 전제를 깔고 있는 가부장제와 이성애주의에 위협으로 작용한다. 실제로 많은 이가 결혼 생활과 같은 오랜 관계를 성관계 없이 유지한다. 실상을 들여다보면 그들의 관계는 낭만적 우정과 아주 같지는 않다고 해도 유사할 수 있다. 이성애자 싱글 여성 다수는 사랑받지 못하고 불만족스러운 관계를 유지하며 시간을 낭비한 후 중년에 들어서야 자기를 사랑하는 작업을 시작하는 결정적인 각성의 순간을 맞이한다. 그런 작업을 거치며 그들은 종종 불만족스러운 관계를 유지하느니 혼자 지내는 것이 낫다고 여기게 된다. 한편 원하는 남자와 헌신적인 관계를 맺지 못하는 경우도 많다. 서로 사랑하는 파트너가 될 만한 남자를 찾는 것보다 그저 함께 지낼 남자를 찾기가 훨씬 쉬운 법이다.

통찰력 넘치는 자기계발서 『당신이 나를 위한 바로 그 사람인가요』에서 저자 바버라 디 앤젤리스는 파트너를 찾기 위해 살펴봐야 할 것들로 "개인적 성장과 정서적 개방, 진정성, 성숙도, 책임감, 높은 자존감과 삶에 대한 긍정적 태도"를 꼽는다. 나와 면담한 여성들은 그중 한두 가지 항목을 충족시키는 남자조차 드물다고 말했다. 우리 대부분은 평생 가는 우정, 특히 낭만적 우정에서 이런 덕목을 더 많이 발견했다. 가부장제가 남성의 내면을 지배하는 문화에서는 남성들이 이런 덕목을 기르려 하지 않는다는 사실은 아무리 강조해도 지나치지 않다. 이상의 덕목들을 갖춘 성숙하고 건강한 관계를 맺을 준비가 된 이성애자 여성들이 대체로 사랑할 남자를 못 찾겠다고 하는 건 당연하다.

이런 상황에서 사랑의 탐색은 종종 커다란 외로움으로 이어진다. 『오즈의 나라에서 길을 잃다』에서 마돈나 콜벤슐래그는 이렇게 말한다. "가난의 여성화가 이 시대의 현실이라면, 외로움의 여성화 역시 마찬가지다." 루이즈 버니코도

『홀로 미국에서』라는 책에서 남성보다 여성이 더 외롭다는 점을 환기하며 비슷한 통찰을 공유한다. "이야기를 나눠본 결과, 남성 대부분이 만족하는 정도의 관계에서 여성들은 허기를 느낀다. (…) 상담을 받으러 온 여성이 사무실에서 폭발한 적이 있다. 그녀는 자신의 운명과 (…) 이런 시대에 자신을 태어나게 한 모든 것에 분노했다. 자신처럼 의식이 변화된 여성들의 필요와 기대에 맞게 진화된 남성을 만들어내지 못하는 이 '비틀린 신화'의 시대에 너무도 많은 여성이 갇힌 것에 그녀는 슬퍼했다." 우리 세대는 진보적인 남성을 만들어냈고, 그중 일부는 사랑할 수 있는 법을 배워 건강한 파트너십을 만들 수 있게 되었지만 그 수는 매우 적다. 너무도 많은 남자들이, 특히 40대 이상의 남자들은 여전히 시간을 되돌려 발전이 저지된 상태에 머물고 싶어 한다. 그들은 디 앤젤리스가 여성들에게 파트너를 구할 때 유념하라고 한 속성들을 가지고 있지 않다.

사랑하고자 하는 진보적인 자유주의자 여성 다수는 우리가 언젠가 남성들을 파트너로 바꾸어놓을 수 있으리라고는 전혀 기대하지 못했다. 그들이 건강하고 성숙한 관계를 위해 준비되어 있지 않고 앞으로도 그럴 것임이 너무도 명확했기 때문이다. 여러 심리학 서적과 자기계발서는 가족과 관계의 역기능에 대해 널리 알려주었다. 여성들은 과거의 실수를 반복하지 않기 위해 평화와 연민 그리고 사랑에 기반을 둔 삶을 만들기 위한 지침을 구했다. 이 열망을 이루기 위해 우리는 일상에서 진정한 사랑을 느낄 수 있는 '보스턴 결혼'*이라는 낭만적 우정을 선택했다. 중년이 되어 이성애자 남성이 제공하는 관계를 더는 원하지 않는다는 것을 깨달은 많은 여성이 이런 관계를 의식적으로 선택한다.

확실히 우리는 정서적으로 닫혀 있어 장기간의 관계는 고사하고 대화를 나누기도 어려운 남자가 많다는 이야기보다 아예 남자 자체가 부족하다는 이야기를 더 많이 듣는다. 당연하게도 대부분의 이성애자 여성은 남자들이 자신을 치유하고 자기애를 키워 진정한 사랑을 이룰 수 있기를 바라지만, 대부분의 남성들은 그저 현 상황에 만족하거나 성숙하고 사랑할 수 있는 성인이 되기 위한 치유의 과정을 거칠 용기를 갖지 못한다. 성장은 보통 고통을 겪어야 함을 의미하는데, 남자들은 어떤 수를 써서라도 정서적 고통을 피하고자 하는 것이다.

---

*　　Boston marriage. 성애적 관계든 플라토닉한 관계든 두 비혼 여성이 남성의 개입 없이 장기간 동거하는 형태로, 보스턴을 비롯한 미국 동부에서 18세기 후반부터 나타났다.

깊고 영속적인 낭만적 우정에서 개인의 성장은 자연스럽게 이루어진다. 치유의 과정에서 겪는 기쁨과 고통은 모두 공유된다. 지금 미국의 젊은 여성들은 역사상 그 어느 때보다도 이성애적 관계에서 사랑을 찾을 때 자신들이 마주칠 장애물에 대해 더 잘 알고 있다. 그들은 희망을 놓지 않지만, 점점 더 다양한 형태의 연대를 만들어낼 필요를 인식하고 있다. 페이건 케네디가 최근 잡지 《미즈Ms.》에 쓴 "그래서…… 두 사람은 사귀는 사이인가요?"라는 제목의 기사는 함께 살며 헌신적인 우정을 나누고 있는 두 여성에 대한 이야기를 다룬다. "1년 반 동안 우리는 함께 살았고, 나는 우리 상황을 제대로 표현할 이름을 찾으려 노력했다. 그래야 사랑이 유지될 수 있을 것 같았다. 두 명의 친구가 그 속에서 함께 지낼 수 있는 단어가 있었으면 하고 바란다." 평생을 약속한 우정으로 묶인 여성들에게 배울 것은 많다.

케네디는 '플라토닉한 결혼'이라는 용어를 사용해 낭만적 우정을 표현하려 하지만, 이처럼 새롭고 진보적인 유대는 가부장제하에서의 결혼에 투사되는 가치와는 다른 가치를 기반으로 하고 있다. 따라서 '플라토닉한 결혼'이라는 어휘는 이 관계의 중요성을 평가절하하는 면이 있다. 나는 오히려 그녀가 인터뷰한 여성 중 한 명이 자신의 관계를 일컬어 사용한 '의도적인 결속intentional bonding'이라는 표현이 더 마음에 든다. 이 관계를 설명하면서 케네디는 다음과 같이 썼다. "고등학교 동창인 두 사람은 모두 30대 초반까지 이성애자였고 5년 전 보스턴으로 왔으며 그들이 함께 집과 생활을 공유할 수 있다는 사실을 깨달았다. (…) 그럼에도 두 사람은 자신들의 미래를 열어두었고, 그들 사이에 삶을 공유한다는 약속은 언제나 '만약'으로 시작하는 우려로 가득했다." 이 '만약'은 둘 중 하나 혹은 둘 모두가 결혼할 수도 있다는 가능성과 관계있다.

낭만적 우정은 각 구성원이 결혼하더라도 공존할 수 있다. 낭만적 우정은 결혼의 대용품이라기보다, 단순한 동성 친구가 아닌 지속적이고 충실한 사랑의 가능성을 친구 사이에 열어두는 것이기 때문이다. 우리가 선택한 관계의 약속이 바뀌어도 상관없다. 낭만적 우정을 장기간 이어온 사람 중 몇몇은 그 어떤 결혼이나 파트너십보다 그 관계를 오래 지속했으며, 결코 다른 중요한 관계가 생긴다고 해서 지금의 관계가 불안정해지거나 흔들릴지 모른다고 두려워하지 않는다. 우리의 목표는 깊고 영속적이며 배타적이기보다 포괄적인 애정을 중심으로 하는 모임 안에서 결속하는 것이다. 내 남자 파트너는 그를 알기 전에 내가 결성한 주된 유대 관계들을 결코 깨려고 하거나 그 안에 들어오려 하지 않았다. 만약 원할 경우에 그는 언제든 우리와 함께할 수 있었지만, 내가 친구들과 친밀한 관계를 맺는 데 그가 전혀 관심이 없다고 해도 그것 역시 상관없었다.

만약 젊은 여성들이 낭만적 우정을 그들이 원하는 '진짜' 관계의 대용품으로 간주한다면 그런 유대 관계는 감정적 위험부담과 배신 비슷한 것들의 연속일 것이다. 가부장제 문화에서 여성 대부분은 동성 친구에게 남자가 생겼을 때 그녀를 잃는 아픔을 경험한다. 남성과 결합하려 하는 여성은 대개 이성애주의를 지지하기에, 대부분의 남성들은 상대 여성에게 자신과 유일한 주된 관계를 맺을 것을 요구한다. 이상적으로, 페미니즘이 로맨스에 주된 관계와 부차적인 관계가 있어야 한다는 남녀 모두의 가부장적 사고를 타파한다면 그들은 서로가 상대방 이외의 사람들과 맺고 있는 유대 관계를 존중할 수 있다.

페이건 케네디는 "헌신적 약속이 결혼 계약 이상의 것이라고 생각하게 되었다"라고 의미심장하게 말하며 이렇게 덧붙인다. "우리는 우리 사이를 무엇으로 부를지에 대한 확신이 없다. 우리에게는 기념일도 없다. 서로의 미래가 어떻게 될지도 모른다. 우리는 그저 사랑하며 우리의 이야기를 만들어갈 뿐이다." 그녀가 꿈에 그리던 상대방을 찾았을 때 '우리의 사랑은 유일해요'라고 말하리라고 과연 상상할 수 있을까? 중년의 입장에서 보면, 많은 여성이 지속적인 사랑이 중요하다는 사실을 증언하고 있음을 알 수 있다. 낭만적 우정을 통해 처음으로 알게 되든 플라토닉하지만은 않은 관계를 통해 알게 되든 말이다.

지속되는 사랑은 안정적인 관계 속에서 시간의 흐름에 따라 스스로가 변화하는 것을 볼 수 있으므로 매우 중요하다. 안전하다고 느끼지 않는 관계에서 정서적 위험을 감수할 수는 없는 노릇이다. 헌신적 약속의 관계는 우리가 실수하고 용서하고 다시 시도하는 존재가 되게 하는 근간이다. 이상하게도 페이건 케네디는 자신과 친구 사이의 관계가 지도 없는 길을 가고 있다고 생각하는 듯했다. 19세기로 돌아가 낭만적 우정의 가치를 발견하면서도 그녀는 요즘 젊은 여성들 사이의 관계에서 안정성과 지속 가능한 다정함의 증거를 발견하려 하지는 않았다. '낭만적 우정'이야말로 자신이 묘사한 관계를 정의하는 말인데도 그녀는 결코 이 표현을 쓰지 않았다. 가부장제 문화에서 '낭만적/로맨틱'이라는 단어는 언제나 성적 함의를 지니기에 사람들은 사용하기를 꺼린다.

나이에 상관없이 모든 여성이 자유롭게 '낭만적 우정'이라는 것을 받아들인다면, 안정적이고 헌신적인 평생의 플라토닉한 관계를 주된 관계로 발전시킬 수 있는 세상이 펼쳐질 것이다. 그런 관계야말로 여성이 완벽한 짝을 찾아내지 않아도 여전히 진실되고 헌신적인 사랑에 관해 알 수 있게 해준다. 결국에는 이런 사랑이 우리를 살아가게 하고 우리 삶에 의미를 부여한다.

15장 젊은 세대의 딜레마

　사랑하기로 선택한 여성들은 현명하고 대담하며 용기가 있어야 한다. 주변의 사랑 없는 문화는 사랑을 향한 우리의 탐구를 조롱한다. 사랑을 제자리로 돌려놓으려면, 즉 영웅적이고 정열적이며 어려운 것이 사랑임을 받아들이려면 지혜가 필요하다. 지구라는 행성에서 인간이 생존하고 번성하기 위해서는 전쟁을 비롯한 모든 형태의 폭력으로 타인을 지배하고 황폐하게 만들거나 신화 속의 용을 처단하는 일보다 사랑이 더 중요하다. 사랑을 향한 여행이야말로 마법과도 같이 삶을 바꾸어놓는 흥분되고 위험하지만 멋진 모험이라고 여기는 문화를 만들기 위해서는 지혜가 필요하다.

　사랑할 줄 아는 현명한 여성들이 모든 연령의 여성들

에게 줄 수 있는 선물은 우리가 사랑의 여정에서 배운 모든 것을 나누는 것이다. 몇 세대를 거쳐 이어진 병적 가부장제가 남성들을 정서적으로 미숙한 불구로 남게 했듯, 새로운 세대의 젊은 (이를테면 〈앨리 맥빌〉이나 〈섹스 앤 더 시티〉 속) 여성들 역시 성숙하지 못한 상태로 남아 정서적으로 청소년 기에 머물고 있기 때문이다. 영화 〈찰리의 천사들〉(국내 개봉 제목은 '미녀 삼총사')은 이런 신드롬을 영화적으로 완벽히 재현한다. 천사들은 영화에 등장하지 않는 찰리라는 남성을 위해 일하며 높은 보수를 받는 '하인'으로, 지적 능력도 남자보다 뛰어나고 살인 청부―그들은 마초 남자들처럼 감정 없이 야만적으로, 신속하게 살인을 수행한다―도 마다하지 않는다. 그러나 로맨스와 사랑의 문제에서 천사들은 소녀처럼 머무적거리고, 킥킥대고 낄낄거린다. 그들은 이성과 주체성도 잃는다. 가부장적 성인 남성의 관심을 끄는 성적 매력으로서 미숙한 아이처럼 구는 것이다. 이런 이미지들은 정서적으로 건강한 성인 여성은 성적 매력이 없다는 메시지를 전달한다.

실제로, 정서적으로 소녀처럼 구는(혹은 그런 척하는) 여성들은 나이가 들면 남자들에게 버림받는다. 그런 남자들은 늘 자신이 통제할 수 있는, 자신의 힘을 확인할 수 있게 하는 어리거나 소녀 같은 여자를 필요로 하기 때문이다. 슬프게도, 남자의 관심과 호감을 얻으려 20대와 30대 초반을 어린 척하며 보냈던 여성들이 깨닫게 되는 가혹한 진실은 아무리 어리게 보이려 행동해도 나이가 들면 남자들이 자신을 떠난다는 사실이다.

나이 든 현명한 여성들은 젊은 세대에게 가슴 아픈 고통과 실수를 통해 얻어낸 경험과 사랑하고 사랑받기 위해 조심하고 피해야 할 모든 위험에 관한 살아 있는 경험을 들려준다. 미국에서 가장 좋은 대학에 다니는 페미니즘의 최대 수혜자인 20대 후반과 30대 초반의 똑똑한 젊은 여성들의 낮은 자존감과 부족한 자기애는 사고와 통찰에 중대한 문제가 있다는 증거다.

처음 〈찰리의 천사들〉을 보고 든 생각은 내가 더는 젊지 않아서 영화 속 천사들이 받는 것과 같은 문화적 요구에서 자유롭다는 것이었다. 밖에서는 슈퍼우먼이 되고 안에서는 소녀처럼 굴면서, 전능한 힘을 상징하는 아빠 같은 존재인 찰리에게 굴복해 나를 내던질 수 있는 능력을 훈련받고 올림픽 선수 같은 탄탄한 몸을 유지해야 하는 천사들은 명백히 모순적인 요구를 받고 있는 것이다. 그렇다면 이 나라의 20~30대 여성들이 항우울제에 중독되고 페미니즘에 분노하며 심각하게 자존감이 손상되었다는 사실은 놀랍지 않다. 누구도 대중문화가 그들에게 부여한 기준들에 부합할 수 없다. 이때의 극심한 스트레스와 우울감은 단지 동등한 존재라는 걸 증명하기 위해 직무에서 남자들을 능가해야 하는 동시에 정서적 문제에 맞서 싸워야 하는 여성들의 삶을 위협한다.

『올 어바웃 러브』를 출간한 후 강연과 워크숍을 하러 다닐 때, 젊은 고소득 전문직 여성 집단은 하나같이 '사랑할 시간이 어디 있나요?'라고 말했다. 더 심각한 것은 그 질문에 담긴 '굳이 사랑이 필요한가?'라는 태도였다. 내 세대의 여성들은 아무리 직장에서 성공을 거두었더라도 자존감이 심각하게 낮으면 성공한 삶의 기반도 약화될 수 있다는 사실을 뼈아프게 깨달았다. 이제 우리는 여성들이 취할 수 있는 가장 페미니즘적인 행동은 긍정적인 자존감을 만들어 자기애의 근간으로 삼는 작업이라는 걸 안다. 현명한 여성이라면 자신의 직업이 우주비행사든 변호사든 청소부든 가정주부든 상관없이 자신의 성취감을 결정짓는 것은 결국 자기애라는 사실을 알 것이다. 오랫동안 페미니즘 운동가이자 치유사로 일했던 필리스 체슬러가 『젊은 페미니스트에게 보내는 편지』에서 다음과 같이 쓴 것도 같은 이유에서

다. "내가 살던 시대에 나이 든 여자들은 자기 자신이 된다는 것, 자기 자신으로 살며 생존한다는 것이 어떤 의미인지에 대해 젊은 여성들에게 별로 이야기해주지 않았다. 만약 그랬더라면 아무리 동화 속 왕자가 멋져 보여도 우리는 인생에서 가장 위대한 첫 탐색은 그들이 아닌 자기 자신을 위한 것이어야 함을 알았을 것이다." 페미니즘 운동의 초기에는 문제를 여성의 자기 학대의 방식이나 개인의 실패 원인 속에서 찾기보다는 가부장제의 탓으로 돌리기가 쉬웠던 것이다.

지금 세대의 여성들은 페미니즘을 거치며 잘 싸웠고 삶의 전 영역에서 승리를 거두었음에도 중년이 되어 갑자기 과거의 성차별적 사고를 다시 포용한다. 전 세계 여성들은 제인 폰다와 같은 페미니스트가 다시 '부자 남편에게 종속된 아내'로 후퇴했을 때 충격을 받았다. 최근에 그녀는 다시 제정신으로 돌아와 대중 패션 잡지와의 인터뷰에서 자기 자신을 포기하는 일이 얼마나 지겨웠는지를 이야기했다. 그러나 스스로의 삶을 책임지고 자아실현의 존재로 사는 게 더 성취감을 줬다는 가장 최근의 고백보다 그녀가 페미니즘을 배반하고 부유한 남편의 존재와 상관없이 건강한 자존감을 구축하려던 스스로의 노력을 배반했던 이야기가 훨씬 더 세간의 이목을 끌었다. 폰다의 말처럼, 사회적 힘을 가진 남편은 더욱 폰다 자신의 시간과 공간을 지배했다. 그 관계는 늪과 같았다. 남성의 정체성에 여성이 흡수되는 전통적인 가부장제 결혼 모델을 따르는 관계의 결과라면 뻔하지 않겠는가?

20대와 30대의 막강한 '신여성' 중 결혼 관계 안에서 지배하는 위치에 있는 이들에게 주목해보자. 그들은 상대보다 돈을 더 많이 벌며 일방적으로 결정을 내린다. 이런 '성공한 쌍년'들은 한때 가부장제 남편들이 '내 말을 따르든지 떠나든지my way or the highway'라고 말하던 방식으로 종종 지배권을 주장한다. 남성의 종속을 담보로 얻어낸 권력은 페미니즘의 성공이라 할 수 없다. 모든 관계에는 지배자와 피지배자가 존재한다는 가부장적 사고를 바꾸는 데 페미니즘이 실패했다는 증거만 보여줄 뿐이다.

슬프게도, 나는 이성애자 커플들이(그리고 게이들 역시) 종종 한쪽은 위top에, 다른 한쪽은 아래bottom에 있어야 한다는 위계 관념을 포기하기보다 그것을 단순히 역전시키려 한다는 것을 알게 되었다. 페미니즘이 불러온 변화에 영향받아 관계에서 상호적인 즐거움을 위한 사랑의 작업을 수행하려는 커플이 별로 없다는 사실은 점점 확실해지고 있다. 너무도 많은 젊은 남녀가 여전히 이전 세대와 마찬가지로 사랑하는 법을 모르며, 탑과 바텀, 지배와 종속이라는 예전의 용어를 가져와 서로 타협하는 것을 더 쉽게 여긴다.

상호성이란, 사랑과 마찬가지로 수고를 통해 얻어질 수 있다. 현명한 여자들은 행복하고 헌신적인 파트너십이 (법적인 결혼을 통하든 그렇지 않든) 각자의 정신적 성장과 발전에서의 상호성을 주된 가치로 삼는다는 것을 안다. 상호성이 자라날 수 있는 정서적 공간을 만드는 데는 많은 시간이 걸린다. 현명한 여성은 사랑을 위한 시간을 남겨둬야 한다는 걸 안다. 대부분의 사람들은 자기가 사랑하는 사람이 가장 중요하다고 말하지만, 그들이 어떻게 시간을 보내는지를 들여다보면 그들이 사랑한다고 주장하는 대상에 그리 관심을 쏟지 않는다.

성별과 나이에 관계없이, 사랑하고 싶은 사람은 모두 시간을 소비하는 방식을 재구성해야 한다. 사랑하는 법을 배우고 사랑의 기술을 익히고자 하더라도 처음부터 공적인 삶에서 과도한 성취를 거두거나 완벽한 역할을 수행하지는 못할 것이다. 진실한 사랑에는 시간과 헌신이 요구된다. 이것은 파트너십이라는 맥락에서의 사랑에도 해당하는 이야기다. 어린 시절부터 사랑에 다친 적이 있는 경우에는 특히 나 자기애를 위해 많은 시간과 노력을 들여야 한다. 오늘날 20~30대 여성들은 가부장적인 상대방 남자들만큼이나 사랑에 시간을 할애하기를 꺼린다. 나이 들어 현명해진 여성들은 살면서 가장 후회되는 일이 좀 더 빨리 사랑의 힘과 의미에 대해 이해하지 못한 것임을 알게 된다. 사랑에 대한 지식은 그들이 정신적으로 상처받는 것을 예방해줄 뿐 아니라 그들이 더 빨리 진정한 사랑을 삶에 받아들일 수 있도록 도와준다.

내가 후배 세대의 젊은 여성들에게 해주고 싶은 말은 삶에서 성취되지 않은 것들을 빨리 알아차리고 과감하게 그 무엇보다도 사랑의 작업을 우선적으로 선택하라는 것이다. 단순히 파트너십에 대해서뿐 아니라 관계에서의 사랑과 결합된 자기애에 관해 말하는 것이다. 예지력 있는 페미니스트 사상가들은 우리 여성들이 사랑의 집단을 찾기보다 사랑의 대상, 적당한 파트너를 찾는 것을 중요하게 여김으로써 스스로에게 가하는 냉대에 주목했다. 사랑의 대상이 아니라 사랑의 집단을 만들어가는 데 주안점을 둔다면, 파트너를 가지는 것은 중요한 부분이지만 전부는 아니게 될 것이다. 그렇게 되면 우리는 꼭 독신주의자가 아니더라도 스스로의 삶을 즐겁게 이끌 수 있다.

독신주의는 종종 성적 즐거움을 찾으려는 시도가 계속해서 스스로를 고통으로 몰고 간 경험을 한 여성들이 자신을 사랑하고 해방시키고자 내린 선택이다. 오늘날 많은 이성애자 여성들이 독신주의를 선택하는 이유에 대해 매슈 폭스는 『우주 그리스도의 도래』에서 다음과 같이 말했다. "여성들의 의식과 자의식이 계속해서 발전하고, 남성은 이에 저항하면서 사실상 많은 여성들이 자신의 역량과 의식에 맞는, 삶을 공유할 만한 남자를 찾지 못하게 되는 상황이 사회적으로 만연하게 된다. (…) 많은 여성이 고통스러운 관계에서 자신을 희생하기보다 독신주의를 더 나은 선택으로 여긴다." 즐거움이 결여된 섹슈얼리티는 삶을 긍정하지 못한다. 가부장적 관계에서 많은 여성이 자신의 의지나 욕구와 상관없이 섹스를 했다. 상대가 강제적일 때도 있고, 그렇지 않을 때도 있었다. 여자가 실제로는 아무것도 느끼지 않은 채 성욕을 가장하거나 즐거운 척한다는 사실을 알면 많은 남자들이 놀랄 것이다.

　　여성들은 페미니즘 운동 중에서도 성적 해방에 집중해온 경향이 있다. 이 시대의 많은 여성들은 의미 없는 성적 쾌락과 자유의 세계에 대해 남성들과 동등한 권리를 가져야 한다고 믿었다. 하지만 대부분은 그런 행위를 통해 어떤 방식으로든 자신의 삶이나 섹슈얼리티가 영향받고 달라졌다고 느끼지 못했다. 재미는 섹스보다는 관습적이고 성차별적인 금지를 벗어나는 데서 찾을 수 있다. 사랑하는 사람과의 관계에서 섹스하고 싶다고 공공연히 말하는 건 예나 지금이나 별로 쿨하지 못한 것이었다. 『올 어바웃 러브』의 10장 「로맨스: 달콤한 사랑」에서 가장 논란이 됐던 부분은 다음과 같다. "최고의 섹스와 가장 만족스런 섹스는 동일하지 않다. 나는 정서적으로 전혀 맞지 않는 남자들과 멋진 섹스를 했다. 그들은 내가 원한다고 느끼는 것을 주겠노라 유혹하는 매력적인 남자들이었지만 내 신뢰를 얻은 뒤에는 서서히 혹은 갑자기 그걸 거부했다. 그리고 나는 기술이나 노하우는 부족하지만 사랑하는 관계의 남자들과 성적으로 깊은 만족감을 느꼈다. (…) 계몽된 여성들은 남자들과 마찬가지로 성적 만남을 원하지만 결국에는 사랑의 맥락 속에서, 친밀한 관계 안에서의 성적 만족을 선호한다." 이는 남성에게도 동일하게 적용되는 진실이다. 심리치료사 프레드 뉴먼은 『지속적인 개인의 성장을 위한 자기계발 지침』에서 이렇게 표현했다. "제일 좋은 방식의 섹스는, 꾸미지 않는 가운데 이루어진다. 가장 만족스럽고 즐거운 섹스는 당신의 인생에서 가장 열려 있는(꾸밈없이 솔직한) 관계에 있는 상대와 하는 섹스다. 내가 인터뷰한 중년 여성 중 많은 이가 성적 지배나 만족이 자신의 삶을 의미 있게 하는 토대라고 수긍하는 이는 없었고, 가부장적 문화 내에서 그들이 선택한 남자 파트너와의 관계에 불만을 느꼈다고 답했다.

　가장 성취감을 주며 만족스러운 섹스는 상호 간 욕망이 합의된 맥락 속에서 이루어진다. 앤드리아 드워킨은 『관계』에서 이렇게 말한다. "섹스를 할 때 개인의 내면은 위태롭다. 가장 연약하고 깨지기 쉬운 특별한 친밀감이 인간적인 교감을 가능하게 만들기 때문이다. 그것은 초월적이거나 다른 방식이 아닌, 몸으로 겪는 사랑이다." 여전히 원하지도 않는 섹스를 자유롭게 하고 남자를 만족시키지 못할까 두려워하며 관계에 헌신하는 젊은 여성이 너무나 많다. 반면 사랑할 줄 아는 현명한 여자는 나이에 상관없이 진지하게 자신을 성적 존재로도 인정한다. 이는 그들이 일찌감치 자신의 몸과 감각, 성욕에 대해 건강한 관계를 구축해냈음을 뜻한다. 일상이라든지 내밀한 사생활에서의 성적 사도마조히즘은 젠더 역할의 변화가 해결되지 않은 데 대한 직접적인 반응인 듯하다. 성평등의 많은 부분이 구식의 억압적 가부장제와 같은 맥락에 존재하는 것이다. 그것이 지배를 변화시킬 수 없다면 성애화하는 방식임을 인정하자. 남녀 모두 어떻게 해야 할지, 어떤 역할을 해야 할지를 모른다. 성적 사도마조히즘은 모든 사람이 더 많은 역할을 수행할 수 있게 하지만, 공적 영역에서나 사적 영역에서의 권력과 애정의 배치를 구체적으로 변화시키지는 않는다.

사랑을 할 줄 아는 현명한 여자들은 이제 막 자유로운 페미니즘적 섹슈얼리티의 지도를 만들어 남녀 모두의 성적 열정을 구속하기보다 자유롭게 하는 방식의 여정을 펼쳐내기 시작했다. 나이에 상관없이 여성들은 성적 주체성을 위한 탐색을 계속해야 하며, 이는 건강한 자기애를 확신하는 작업의 일부다. 사랑을 주는 방법을 알게 됨으로써 우리는 우리가 받고 싶어 하는 사랑에 한 걸음 다가갈 수 있다. 나이를 불문하고 여성들이 자신의 몸과 존재를 사랑하게 되면, 자신이 성적 즐거움을 나누기로 선택한 상대의 행복과 자신의 행복이 일치하게끔 하는 선택을 할 수 있게 된다.

자아실현은 결코 쉬운 작업이 아니다. 그리고 여전히 사랑의 작업보다 남성에게 불만족스러운 부분에 대한 책임을 전가하기가 더 쉽다. 현명한 여성은 가부장제가 아무리 막강하더라도 사랑을 선택함으로써 자아실현을 방해하는 모든 장애물을 극복하고 삶의 방식을 바꿀 책임이 자기 자신에게 있음을 안다. 자기존중을 위해서는 스스로의 삶과 행복에 책임을 질 필요가 있다. 가부장적 남성들은 종종 자신의 행복을 타인에게 의존하도록 허용된 여성들을 부러워했다. 이것이 현명한 여성들이 앞으로 중년을 맞이할 젊은 여성들에게 밝히는 잘못된 신화의 실체다.

우리 자신에게서 기쁨을 찾아내는 방법을 모른다면 그 누구도 행복이나 지속적인 기쁨을 가져다주지 않는다. 자기 인식은 우리 각자의 삶 속에 비밀스러운 기쁨이 있다는 것을 알아가는 것이다. 파트너십에서, 커뮤니티 안에서 가장 큰 기쁨을 발견할 수도 있다. 상호의존성을 가지고 교감을 나누는 건 우리 삶에서, 지구상의 생명체로서 생존하는 데 필수적이다. 그러나 그 내면의 기쁨은 자기 자신의 충만한 영혼에서 나오는 것이어야 한다. 역사적으로 보면, 최근에서야 여성이 스스로 영적 자아를 보살피는 것이 중요하다고 공적으로 인정되는 문화가 생기기 시작했다. 미디어는 페미니즘의 맹목적인 부분만을 부각시켰을 뿐 많은 여성이 영적 각성을 하도록 촉매제 역할을 한 데 대해서는 제대로 평가받지 못하게 했다.

『오즈의 나라에서 길을 잃다』에서 마돈나 콜벤슐래그는 여성 중심적 영성과 모든 생명체 간의 상호연결성을 축복하며, 신성과 결합하고 영적으로 충만한 삶을 살고자 하는 여성들을 찬양한다. "점차 나는 내가 몰랐던 다른 여성들을 통해 나 자신을 사랑하게 되었다. 그들은 여성으로서의 내 현실과 내 안의 신성, 나 자신을 향해 스스로를 열 수 있게 해주었다. (…) 신성한 여성들 속에서 나는 비현실을 내쫓고 진실과 현실을 축복하고 깨달으며 새로운 언어로 말하는 법과 살갗과 물성을 통해 신성을 느끼는 법, 내면의 모든 것을 볼 수 있는 법을 배웠다. 신의 자궁에서 태어난 이후 우리는 어둠과 박해를 겪지만 온기와 자양분, 성장, 연결과 기쁨 또한 겪는다." 현명한 여성들은 우리가 스스로 정신을 돌봐야 한다는 것을 안다. 영혼이 건강하지 않다면 자유를 발견할 수도 즐길 수도 없다.

사랑하는 법을 배우면서 우리는 영혼을 보살피고 여성만의 지혜와 정신적 지침을 재발견할 수 있다. 모든 여성은 사랑의 원 안에서 영혼의 동반자들을 만날 필요가 있다. 영혼의 자양분은 힘과 성공, 물질적 행복이 그 의미를 잃었을 때 우리를 지탱해준다. 총체적이고 복잡한 삶 속에서 내가 '좋고 나쁘고 추하고 음란하다'고 부르는 것들을 절망하지 않고 대면하기 위해서는 바로 선 영혼, 우리 자신의 편안한 방어막이 되어줄 준비가 되어 있는 영혼이 필요하다. 그 충만함과 기쁨을 마주하며 살아갈 때 우리에게 사랑을 향한

탐색, 사랑을 향한 여정의 길이 열린다. 그것은 삶의 선물과
도 같다.

진정한 사랑은 너그러우며, 끝없이 다시 채워진다. 현명
한 여성이라면 자기보다 어린 여성들에게 마음을 활짝 열
어 가장 깊은 곳의 두려움과 요구, 소망과 열정에 관한 그들
의 이야기를 들어줄 것이다. 세대 간 소통을 가로막기 위해
성차별주의가 만들어낸 경계를 무너뜨림으로써, 우리는 시
대와 연령을 떠나 여성들이 진정한 자매애로 강력하게 결속
하고 영속적인 사랑의 연대를 맺는 토대를 다질 수 있다.

가장 강렬하고 멋진 일은
아직 일어나지 않았다

여성들이 사랑하고 사랑받고자 하는 욕망에 관해 침묵하게 하는 거대한 힘 때문에 나는 이 책을 쓰기 시작했다. 너무도 많은 여성들이 중년에 들어서야 처음으로 상호적 사랑을 찾는 걸 보면서, 나는 이제 좋은 소식을 공유할 때가 왔다고 생각했다. 글을 쓰기 시작할 무렵에는 주요 독자가 사랑을 대하는 페미니즘의 비판적 태도에 익숙하고 한편으로는 그것을 극복한 나와 비슷한 40대 이상의 여성일 거라고 상상했다.

엘리자베스 워첼의 『비치』를 다시 읽으면서, 저자가 그 어디에서도 사랑에 대해 이야기하고 있지 않다는 점이 슬프게 다가왔다. 아직 30대인 자신의 동료들에 대해 저자는 이렇게 말한다. "우리 중 누구도 사랑에 익숙하지 않다. 우리는 점점 더 사랑을 두려워하고 있다. 우리는 사랑을 시작하는 방법도 알지 못하며, 어떤 선택을 내려도 결국 사랑에는 희망도 효용도 없다는 생각만 강화되는 것 같았다." 울면서 읽은 구절이다. 책에서 저자는 내가 사랑하는 많은 친구들과 연인들, 촉망받는 멋진 커리어를 막 갖춰가고 있는 젊고 똑똑한 여성들과 그들의 파트너인 남성들이 사랑을 알지 못해 겪는 두려움과 외로움에 대해 이야기하고 있었다. 나는 『올 어바웃 러브』를 일종의 자료집으로, 해설서이자 가이드북으로 쓴 바 있다. 당시 나보다 훨씬 어렸던, '사랑을 가지고 뭘 하겠어'라던 전 남자 친구가 그 책을 읽고 '사랑은 모든 것이구나'라고 이해할 수 있기를 바랐다.

사랑 3부작의 마지막 편인 이 책을 쓰면서 내가 특별히 집중한 주제는 여성과 사랑이다. 워첼의 책을 다시 읽은 영향이기도 했는데, 나와 다른 연령대의 모든 여성, 특히 젊은 여성을 위해 이 책을 쓰기로 결심했다. 사랑을 탐색하는 여성에 관한 내 모든 통찰과 우리 삶에서 사랑이 지니는 가치를 공유하고, 사랑에 대한 두려움을 조금이나마 누그러뜨려 두려움 없이 사랑할 수 있게 돕는 것이 내 작은 소망이다. 나는 내가 30대 후반이 되어서야 사랑의 의미와 힘을 깨닫기 시작했다는 것이 유감이다. 만약 그 이전부터 사랑에 대해 잘 알고 있었다고 해도 가슴앓이나 고통을 피하지는 못했겠지만, 적어도 애정결핍이나 불필요한 우울증으로 그토록 에너지를 낭비하고 내 능력을 불신하며 스스로를 깎아내리지는 않았을 것이다.

고통을 겪고 나서도 여전히 사랑을 구하는 여성들이야말로 사랑의 힘을 증명하는 존재다. 젊었을 때 사랑을 포기했다가도 다시 사랑을 요구하고 재발견하고 재건하고 거기에 기뻐하는 선배 여성들을 보며 젊은 여성들은 희망을 가지리라. 우리는 진정한 사랑과 구원의 환상을 구별할 수 있게 되었다. 베나토비치의 인터뷰집 『우리가 지금까지 알게 된 것들』에서 에리카 종은 이렇게 고백한다. "40대 중반이 되기 전까지, 나는 무턱대고 어디선가 내가 지금껏 만났던 남자보다 나은 남자가 나타나 내 삶을 바꿔줄 것이라고 믿었다. 그런 낭만적 구출이라는 꿈은 많은 여성에게 강력한 유혹이며, 자신을 영원히 보살펴줄 부모와도 같은 전지전능한 오이디푸스적 존재에 대한 환상이다. 가장 큰 자유는 내 삶에서 나를 구해줄 누군가를 더 이상 믿지 않을 때 찾아왔다." 자기 자신을 진정으로 사랑할 때, 스스로 자신을 구원하기로 선택하는 것이 얼마나 쉬운지 깨닫게 된다.

언젠가 세상은 완전히 달라질 것이고 그때 젊은 여성들은 일찍부터 사랑하는 법을 찾을 것이다. 지금도 여전히 많은 이들이 스스로 각성해 삶에 대해 더 깊이 통찰하는 고통스러운 길을 거쳐 사랑을 알게 된다. 이 고통은 대부분 비자발적인 것으로, 열정을 위한 단계로서 그 나름의 기능을 수행한다. '열정passion'이라는 단어의 어원은 '고통'이다. 우리가 선택한 열정은 우리의 경험 부족과 무지, 절망으로 인한 갈등과는 다르다. 자발적으로 선택한 열정은 우리를 각성시키고 변화시킨다. 거기에는 성적 열망도 포함되어 있다.

나이가 들어가며 절대 불가능할 거라고 생각했던 성적 각성에 이른 여자들의 이야기를 기록할 만한 시간과 지면이 충분하지 않아 아쉽다. 특히 남성 지배적인 의료계에서 중년 여성의 성적 각성은 자주 무시되거나 단순한 호르몬의 착란으로 여겨진다. 많은 여성이 마음을 열고 중년에 강렬한 성적 경험을 맞이할 정신적 준비를 하고 있다.

많은 여성에게 폐경은 성적 쾌락과 신체적 편안함을 방해하는 출혈이 더 이상 없어지는 즐거운 순간이다. 처방전 없이 얻을 수 있는 진통제가 증명하듯, 생리 주기는 신체적 불편을 초래하며 이 기간에 대부분의 여성들은 성욕을 지긋지긋한 것으로 여긴다. 그리고 에이즈가 사회적 문제가 되기 전, 생리 기간에도 성교를 즐겼던 여성들조차 더러워진 천 조각을 신경 쓰느라 즐거움을 방해받았다고 인정했다. 섬유종양과 지속적인 출혈 때문에 자궁절제술을 받은 내게 내 주치의이자 급진적 '페미니스트'인 남자 산부인과 의사 는 새로운 삶을 살 수 있는 기회를 얻었다며 나를 위로하곤 했다. 그는 내게 이전보다 훨씬 섹스가 즐거워질 거라고 말 했고 그때마다 나는 심기가 불편했다. '도대체 그가 어떻게 그걸 안단 말이지?' 하는 의문이 가시지 않았던 것이다. 과 연 자궁절제 이후 섹스에 대해 여성들을 조사하기라도 했 단 말인가? 자궁절제 이후 어떻게 섹스를 즐길 수 있는지를 직접적으로 다룬 논문도 찾을 수 없었는데 말이다. 실제로 나는 성욕 감퇴를 경고하는 자료들을 더 많이 발견했다. 내 주치의는 계속해서 그런 변화에는 생물학적 근거가 없으며, 대체로 머리와 마음의 문제라고 말했다. 자궁절제술이나 다 른 신체 일부분을 들어내는 큰 수술 이후에 더 섹스를 즐 길 수 있다고 생각한다면 충분히 그럴 수 있다는 뜻이었다.

시간이 많이 흐른 후, 그가 옳았음을 알게 되었다. 그간 나도 모르게 생리 주기에 따른 고통이 나를 성적으로 억눌 러왔던 것이다. 그러나 수술이 가져온 고통과 슬픔 또한 마 찬가지였다. 나는 남자와 다시 섹스를 하는 것이 두려웠다.

엄청난 시련을 겪고 총체적 변화를 겪은 신체로 성적인 경험을 한다는 것은 간단하지 않았다. 다행히도 나는 내 욕망과 내가 신체적으로 겪은 과정을 세심하게 신경 써주는 상대와 다시 관계를 맺을 수 있었다. 나는 재빨리 성적 즐거움에 대한 열망을 이전 그 어느 때보다 밀도 있게 되찾았다. 이전에는 생리 주기 동안에는 당연한 것으로 여겼던 감정 기복이 없어졌다는 점도 성욕을 되찾는 데 부분적으로 기여했다.

예정에 없던 수술 때문이건 자연스러운 생리적 이유 때문이건 여성은 중년 이후 폐경 덕분에 성적 경험이 나아진다고 믿는다. 이는 무엇보다도 우리의 존재에 대해 더 나은 기분을 느끼기 때문이다. 중년 이후의 여성들을 인터뷰한 베스 베나토비치의 책에서 모든 여성은 더 큰 자기인식이 삶을 변화시킨다고 증언했다. 자기인식은 자신이 누구인가에 대해, 자신이 무엇을 원하는가에 대해 더 명확히 아는 것이다. 무엇보다 그들은 삶에 새로운 즐거움과 기쁨을 가져오기 위해 기꺼이 위험을 감수하겠다는 의지를 가졌다. 작가 그레이스 페일리는 이렇게 말한다. "나는 쉰 살이 넘으면 인생이 끝난다는 식으로 말하는 사람들을 보면 항상 웃었어요. 쉰이 넘으면 일도 사랑도 인생도 끝난다는 것이 어쩌면 미국인들의 일반적인 인식인지 모르지만, 내가 경험한바 진실은 그 반대예요. 인생에서 가장 강렬하고 멋지고 흥미로운 일들은 40대 후반과 50대에 일어났어요. 그때쯤이면 자신이 무엇을 할 수 있는지에 대한 감이 생기지요. 이전 그 어느 때보다 자유를 느낄 수 있어요. 무엇이든 할 수 있고 사람을 찾는 것도 자유롭지요. 친구들을 보면, 최고의 관계는 50대 이후에 생겨났어요." 마흔이 되었을 때, 나는 50대 이상의 선배 여성들로부터 여러 가지 지혜의 말들을 듣기 시작했다. 그들이 내 앞에 놓인 가능성에 대한 가장 현실적이고 적절한 이야기를 들려줄 수 있을 것이라고 생각했기 때문이다. 내가 이야기를 나누고 인터뷰한 여성 중 압도적으로 많은 수가 자신들이 새로운 각성의 순간을 겪고 있다고 믿었다. 나이가 들면서는 새로운 어려움들이 찾아오지만, 더 건설적이고 삶을 바꾸어놓는 태도로 어려움에 대처할 수 있다는 것이 대체적인 생각이었다.

중년 이후의 삶을 상실과 소외의 시간으로 살아가는 여성들은 이전에 위험을 감수해본 적이 없고 자신이 원치 않는 방향으로 변한 현실에 대처하지 못하는 경향이 있다. 지적이고 매력적인 한 여자 친구는 이제 갓 50대 중반일 뿐인데도 더 이상 데이트도 섹스도 하지 않는다고 말했다. 그녀는 남자들이 예전과 달리 자기에게 접근하지 않는다고 한탄했다. 왜 먼저 남자에게 접근하지 않냐고 내가 묻자, 그녀는 자신이 그러는 것을 스스로 용납할 수 없다고 대답했다. 그녀는 또한 연하의 남자와 사귀는 것도 상상할 수 없다고 했다. 그녀의 세계관에서 여성은 언제나 약간 연상의 남자를 택해야 했던 것이다. 이런 생각들이 그녀를 앞으로 나가지 못하게 했다. 생각을 바꾸면 모든 것이 달라질 수 있을 텐데 말이다.

무엇보다 더 이상 로맨틱하고 성적인 만남을 시도하지 않는 중년의 여성들이 있다. 그들의 선택은 확고부동한 삶의 방식이다. 『하이트 보고서』에서 인터뷰한 한 익명의 레즈비언 여성은 유방절제술 이후 로맨스에 대한 생각이 바뀌었다고 했다. 그녀는 더 이상 짝짓기나 포용에 관심을 갖지 않고, 그 대신 '존재의 성애erotica of being'를 추구했다. 관계 없는 삶을 상상하지 못하는 그녀의 친구들은 이를 못마땅해했지만 그녀 자신은 깊은 만족감을 느꼈다. "무엇보다 유방절제술 덕에 나는 그 어느 때보다 살아 있음을 느껴요. 나는 그저 살아 있음에 행복해요. 내가 하는 일들이 그저 좋아요. 사교 활동도 좋고 책을 읽는 것도 좋아요. 혼자 있는 것이 좋아요. 비디오를 보는 것이 좋고 파티에 나가 춤을 추는 것도 좋아요. 개를 산책시키는 게 좋고 해변이 좋아요. 삶에서 많은 즐거움을 찾았어요. 내가 하는 모든 일이 좋아요." 짝을 찾기를 중단하기로 한 선택은 그녀로 하여금 존재를 열정적으로 껴안을 공간을 내어주었다.

여성이 사랑을 단념하지 않는다고 해서 그게 꼭 짝을 찾는 관습적인 방식일 필요는 없다. 오히려 자신과 세계의 관계에 대한 더 진실된 자세를 갖게 되는 것일 수도 있다. 『내면으로부터의 혁명』에서 글로리아 스타이넘은 자신이 줄곧 스스로는 실현하지 못했던 힘을 남자 상대에게서 찾으려 했다고 시인했다. 그녀는 50대 이후에 성적 로맨스를 포기하기로 의식적 결정을 내리면서 "자기 자신을 찾는 일은 그 어떤 로맨스보다 흥미롭고 행복하며, 우리 자신도 마음 어디에선가 이 사실을 알고 있다"라고 고백한다. 평생을 다른 이에게 종속되어 보내거나 자기희생적 관계로 보내며 정작 자기 내면을 위해서는 시간을 남겨두지 않은 여성들에게 이 말은 특히 유효하다. 그들에게 진정한 사랑은 내면의 소울메이트를 찾고 여생 동안 그 관계를 가꾸어나가는 것이다. 이들과 교류하는 이들은 모두 새로운 사랑의 관계와 접촉하는 기쁨을 느낄 것이다. 이것은 여느 로맨스와 마찬가지로 흥미진진하고 자극적이다. 최근 결혼한 스타이넘이 증언하듯, 사랑은 당신이 찾지 않을 때에도 당신을 찾아낼 수 있다.

두 사람이 서로에 대해 완전히 모르는 상태에서 접근할 때와 어느 정도 정보를 가지고 접근할 때의 로맨스는 다르다. 우리가 아무리 타인을 잘 안다고 해도, 언제나 신비의 영역은 남아 있다. 낭만적인 사랑에 대한 오래된 생각은 남녀로 하여금 성적 긴장감이 교감과 이해의 부재에 기인한다고 믿게 만들었다. 이렇듯 사랑에 대한 잘못된 정보는 남녀중 한쪽 성에 대한 지배의 정치학을 부추겼다. 서로를 알지 못하고서 친밀감을 경험할 수는 없다. 남자들이 태어날 때부터 남성성의 핵심이 자신을 누군가에게 알려서는 안 되는 것이라고 배워왔다면, 젠더 갈등이 일어나는 것은 자연스러우며 남자와 여자는 (마치 남자는 화성에서, 여자는 금성에서 왔다는 말처럼) 다른 행성에서 살고 있는 것처럼 보일 것이다. 심리치료사 올가 실버스타인의 통찰대로 친밀하게 소통하기 위해 두 사람이 지구라는 같은 행성에 살고 있다는 사실을 인정하지 않는다면 더 나은 의사소통 기술이 있더라도 젠더 갈등을 해결하지는 못할 것이다. 여자들이 원하는 건 거기서부터 시작된다. 우리는 아빠든 삼촌이든 형제든 연인이든 친구든 간에 남자들이 연대와 친밀감을 위한 가장 첫 단계로 이 사실을 알기를 바란다.

남녀 모두가 자기이해와 상대에 대한 이해를 관계의 성적 영역으로 인식하기 시작해야만 로맨스에 대한 생각을 바꿀 수 있다. 가부장적 문화에서 사람들은 대부분 낭만적 사랑을 반대된 성질 간의 연합이라고 배웠다. 여자는 강한 남자가 자기 삶의 불완전한 부분을 채울 수 있다고 생각했다. 그러나 그런 일은 일어나지 않는다. 존 웰우드는 『사랑과 각성』에서 이렇게 말한다. "우리는 자기 자신과 풍요롭고 만족스러운 방식으로 교감하는 방법도 모르면서, 누군가와 사랑하게 되면 그런 관계를 만들어갈 수 있을 거라고 상상한다. (…) 종종 우리는 누군가와 맺는 관계가 필연적으로 우리 자신과의 관계를 닮아간다는 사실을 잊는다. 즉 타인과의 관계는 내면적 삶의 확장에 불과하며, 자기 자신과 열려 있는 관계를 맺을 때에만 다른 사람과의 관계에서도 그럴 수 있다는 걸 말이다." 과거에 여성들은 어릴 때부터 스스로의 내면을 들여다보고 만족할 수 있는 교육적 여건에 놓이지 못했다. 그리고 여전히 (소녀기에 대한 모든 학자들이 말하듯) 사려 깊고 자기 성찰적인 여자아이는 남자아이들만큼 스스로를 탐구하도록 장려되지 않는다. 중년의 여성은 자신이 경험한 진실을 젊은 여성들에게 이야기해준다. 사랑은 우리가 내면의 사랑을 발견할 수 있을 때에만 찾아온다. 그리고 사랑의 여정은 자기인식을 감수하는 것에서부터 시작된다.

많은 여성이 뒤늦게 사랑을 찾기 시작한다. 각성을 거쳐 과거로 돌아가 사랑의 진정한 작업, 이를테면 자기 자신에 대한 보살핌과 인식, 존중, 그리고 책임감을 기르는 것 등을 하는 데 많은 시간이 걸리기 때문이다. 이런 작업을 좀 더 빨리 수행할 수 있다면, 우리는 사랑을 주고받을 수 있는 기술을 얻게 된다. 가부장적 문화에서 당연한 것으로 여겨지는 사랑에 대한 오해들을 타파하고 상호적 관계보다 더 낭만적인 것은 없다는 사실을 인지함으로써 우리는 관계에 대한 사랑을 탐구할 수 있게 된다. 이때 친밀감은 두 사람이 소울메이트가 되어가고 사랑의 작업을 기꺼이 완수해갈 수 있는 과정의 토대를 만들어준다.

이런 작업을 잘 수행했을 때, 진정한 사랑은 현실이 된다. 진정한 사랑은 삶을 바꾼다. 자기애와 자기이해의 작업은 누구도 대신해줄 수 없지만, 두 사람이 서로에게 헌신적인 사랑을 나눌 때 변화는 가능하며 그때 자아는 성장하고 확장한다. 그것이 존 웰우드가 "진정한 사랑은 언제나 대담함을 요구한다"라고 믿었던 이유다. 중년의 여성은 가슴을 열어 보일 용기를 찾을 수 있고, 또 종종 그렇게 한다. 진정한 사랑은 그 자리에 들어와 우리의 기쁨을 증진하고 자기인식을 고취시킨다. 타인을 향한 사랑을 통해 우리는 기꺼이 과거의 정체성을 떨쳐내고 영혼의 어두운 밤으로 들어가 존재의 거대한 신비를 마주할 수 있다." 용기는 경험을 통해서만 얻어진다.

여성이 권력자와 힘 없는 자 사이의 성적 긴장과 사랑을 동의어로 만드는 지배 구조의 유혹에 속지 않기 위해서는 용기가 필요하다. 여성 전체의 성장을 위해서는 타인을 위해 자신을 무시하고 희생하라고 요구하는 가부장적 성 왜곡에 대한 거부가 반드시 필요하다. 그러나 우리는 바꾸고 치유하고 새로 태어나게 하는 사랑에 대해 긍정적 시선을 갖지 못한 채 부정적으로 외면하기만 했다. 뒤이어 여성들은 새로 획득한 평등과 사회적 지위가 영혼의 만족으로 연결되지 않았다는 것을 부끄럽게 느끼기 시작했다. 상대가 자신을 구원해주리라는 과거의 로맨스를 되살려 정서적 안정을 추구했지만 여전히 만족스럽지 않은 여성들이 너무도 많다는 것은 놀랍지 않다. 부담뿐인 과거의 관습들과 우리를 자유롭게 하기보다 오히려 구속하는 관계를 뒤로하고 마음의 변화를 느낄 때, 우리는 사랑을 탐색하는 내면의 힘을 기를 수 있다. 사랑을 향한 탐색은 그때 비로소 위대한 인생의 모험이자 영적 여정이 될 것이다.

그 길에서 우리는 소울메이트, 진정한 친구, 삶의 동반자를 찾을 것이고 연대를 찾을 것이다. 홀로 춤을 추기보다 사랑의 원 안에서 춤추는 것이 훨씬 즐겁다는 걸 아직 모르는 여성들에게 그들이 아직 발견하지 못한 즐거움을 알려주는 것은 위대한 지혜가 주는 선물이다. 낭만적 파트너나 소울메이트들도 즐거움을 줄 수 있지만, 거기에 즐거움을 더하는 것은 이미 우리의 삶에서 진정으로 중요한 사람들, 우리가 의지하고 또 우리에게 의지하는 이들과 나누는 영원한 사랑의 기쁨이다. 두 사람 사이의 사랑이 아무리 달콤하다고 해도 그 관계가 모든 것이라고 생각할 때 서로에 대한 요구는 너무 커진다. 비밀스러운 사실은 '사랑은 모든 것'이라는 것이다. 그리고 사랑은 이토록 강렬하고 언제나 우리의 내면, 그리고 우리가 사랑하는 이들의 내면에 있다. 사랑은 우리에게 지속되는 연대를 가능케 한다.

연대하기 위해서, 우리는 함께 모여 재능을 나눈다. 『일상의 에로스』에서 수전 그리핀은 놀라운 통찰을 전해준다. "연대의 상태를 유지하는 것은 존재의 본성을 인지하는 것이다. 사회적 정의와 생태가 공존하며, 생명을 동등하게 인지할 때 이는 가능해진다. 우리가 인지하고 있든 그렇지 않든, 우리는 각자가 가진 재능을 서로 전달하면서 존재한다. 그리고 이를 아는 것은 육체뿐 아니라 영혼에도 중요하다." 여성들이 자신의 인간성, 평등함, 재능을 인지하고 매일매일의 투쟁에서 성과를 거두며 사랑으로 현명하게 응답할 수 있을 때 비로소 이런 노력은 제대로 보답받는다. 사랑하는 여성은 내면의 재능을 세상과 공유하고, 서로를 존중하고 알아봐줄 수 있는 동료를 찾아 지속 가능한 영혼의 연대를 결성해나갈 것이다.

오직 사랑하는 사람만이
살아남는다

　지금 우리에게 사랑은 무엇의 이름일까? 아직까지도 사랑은 마치 교통사고처럼 '어느 날 갑자기 속수무책으로, 운명처럼 다가오는 것'이라는 등 수동적인 것으로 낭만화되기 쉽다. 또 한편으로 최근 우리 사회에는 사랑이나 연애가 '내 몸 하나 건사하기 힘든 이 시대에 사치스러운 감정놀이'라는 생각이 강력한 신화로 스멀스멀 퍼지고 있다. 확실히 20~30대 청년들이 건강하게 욕망하고 사랑하기에 현실은 충분히 팍팍한 것 같다. 노후 대비는커녕 취업도 어렵고 세들 집 구하기도 힘들고 먹고살기도 빠듯한데 연애니 결혼이니 육아니 하는 것들은 내게도 얼마나 아득하게만 여겨지는지. 그러나, 아니 그러므로 더더욱, 사랑에 대해 제대로 정의하고 곰곰 생각해보는 작업이 필요하지 않을까 싶다.

"사랑은 그 사람의 생명과 성장에 대한 적극적인 관심"이라고 에리히 프롬은 유명한 저서 『사랑의 기술』에서 말한 바 있다. 여성학자이자 미국 페미니즘의 대모로 불리는 이 책의 저자 벨 훅스가 주장하는 사랑의 정의도 이와 결을 같이한다. 그녀에게 사랑이란 "개개인을 영혼을 성장시킬 수 있는 변화의 힘을 지닌" 것으로, 사치스러운 감정이나 말초적인 재미와는 다르다. 물질적 소비나 제도적 안전망을 전제로 굴러가는 의존적이고 수동적인 사랑, 아니 사랑으로 포장된 그런 문화가 아닌 상호 간의 성숙한 사랑은 무엇인가. 어떤 상대를 만나야 하며 나는 어떤 사람이 되어야 하는가. 사랑이 소위 '첫눈에 반하는', 수동적이고 즉흥적인 것과 거리가 멀다는 건 바로 사랑이 우리 각자가 삶의 지향점을 정하고 완성에 이르게 하는 생명활동이라는 뜻이다.

노력과 의지를 통해 자신과 상대를 건강하게 성장시키는 상생적인 사랑의 실현을 방해하는 가장 큰 요소는 소유와 배타적 관계를 기본으로 하는 가부장적 결혼 제도와 그 근간을 이루는 이성애 중심적 사고와 문화일 것이다. 그런 의미에서 이 책의 원제인 "연대Communion"는 다소 추상적이고 심심한 제목이지만 주목할 만한 메시지를 전해준다. 이 책에서는 동성애, 자매애, 모녀간 연대, 우정과 로맨스가 결합된 느슨하지만 영속적인 관계인 '보스턴 결혼' 등 여성 간의 다양한 연대의식이 제시됨은 물론, 여성과 남성의 연대에 관해서도 새로운 가능성이 타진되는데, 이는 남성 역시 여성과 마찬가지로 가부장제의 수혜자가 아니라 피해자이기 때문이다.

번역자로서 첫 단행본 작업인데 덜컥 세계적 명성과 두터운 독자층을 확보하고 있는 저자의 '사랑 3부작'의 완결판인 이 책을 맡게 되면서 가장 걱정했던 부분은 물론 쉽게 읽히면서도 한 마디 한 마디에 풍부한 의미를 담아낸 저자 특유의 매력적인 문장들을 잘 옮겨낼 수 있을 것인가였다. 한편으로는 2002년 미국에서 처음 출간된 이 에세이의 내용이 이제는 새로울 것 없는 너무나 당연한 이야기가 되어버려 오늘날의 독자들과 어색한 만남을 주선하는 셈은 아닐까 걱정하기도 했다. 그러나 녹록지 않은 문장들을 하나씩 옮기면서 후자 쪽의 우려는 말끔히 사라졌다. 안타깝지만 적지 않은 시간이 지났음에도 훅스가 이 책을 쓸 당시 미국의 상황과 현재 우리의 상황이 크게 다르지 않다. 국적과 인종, 성적 취향 그리고 결혼/연애 여부를 떠나 가족이라는 제도를 겪어보고, 사랑 때문에 수고스럽게 고민해본 여성이라면 누구든 한 번쯤 사랑에 관한 생각을 재점검하고 삶의 중심을 잡을 필요가 있다. 그런 각자의 작업에 이 책이 상당한 도움이 되리라 확신한다.

모든 사랑의 첫걸음이자 기본은 자기 자신과의 사랑이다. 이 책에는 타인과 사회의 시선을 통해서가 아니라 자기 자신을 있는 그대로 인정할 수 있는 '자존'을 얻기 위한 저자와 다른 여성들의 처절하면서도 아름다운 과정이 고스란히 담겨 있다. 옮긴이로서가 아니라 한 명의 독자로서, 중년의 멋진 언니가 들려주는 진솔한 이야기를 담은 이 책이 멘토인 듯 꼰대인 듯한 어르신들의 위로를 가장한 훈화 말씀이 한바탕 흔들고 간 피로가 여전히 남아 있는 현재 한국 독서계에, 돌풍까진 아니더라도 훈훈한 미풍을 가져올 고전이 되었으면 하는 바람을 가져본다. 특히 '이 피곤한 시대에 사랑마저 배워가며 해야 하는 것인가!'라며 통탄하거나 모두들 연애를 하라는데 눈을 씻고 봐도 막상 닮고 싶은 사랑의 본보기도 사랑하고픈 상대도 찾기 힘든 현실에 암담함을 느껴본 적 있는 젊은 미혼/비혼 여성 동지들에게 이 책이 큰 지침이 되리라 믿는다. 아울러 역량 미달의 역자를 끊임없이 긴장케 하며 오류들을 잡아준 편집자이자 오랜 벗

허원에게 감사를 바친다. 그러니 책에 부족한 점이 있다면 그건 전적으로 내 탓이다.

2015년 초여름

양지하

참고 문헌

Ackerman, Diane, *The Natural History of Love*, Vintage, 1995. 『천개의 사랑』, 송희경 옮김, 살림, 2009.

Benatovich, Beth, *What We Know So Far: Wisdom Among Women*, St. Martin's Griffin, 1996.

Bepko, Claudia and Jo-Ann Krestan, *Singing at the Top of Our Lungs: Women, Love, and Creativity*, HarperCollins, 1993.

Bernikow, Louise, *Alone in America: The Search for Companionship*, HarperCollins, 1986.

Bradshaw, John, *Creating Love: The Next Great Stage of Growth*, Bantam, 1994.

Branden, Nathaniel, *Six Pilars of Self Esteem*, Bantam, 1995.

Chesler, Phyllis, *Letters to a Young Feminist*, Seal Press, 1999.

De Angelis, Barbara, *Are You The One for Me?: Knowing Who's Right and Avoiding Who's Wrong*, Dell, 1993. 『당신이 나를

위한 바로 그 사람인가요』, 서영석 옮김, 학지사, 2008.

Dworkin, Andrea, *Intercourse*, Free Press, 1987.

_____, *Life and Death: Unapologetic Writings on the Continuing War Against Women*, Free Press, 2002.

Eisenstein, Zillah, *Manmade Breast Cancers*, Cornell University Press, 2001.

Friday, Nancy, *The Power of Beauty*, HarperCollins, 1996.

Frye, Marilyn, *Willful Virgin: Essays in Feminism*, Crossing Pr, 1992.

Giovani, Nikki, "Woman Poem," *The Collected Poetry of Nikki Giovanni: 1968-1998*, Harper Perennial, 2007.

Greer, Germain, *Daddy, We Hardly Knew You*, Penguin, 1990.

Griffin, Susan, *The Eros of Everyday Life: Essays on Ecology, Gender and Society*, Anchor, 1996.

Hagan, Kay Leigh, *Fugitive Information: Essays from a Feminist Hothead*, HarperCollins, 1993.

Harrison, Kathryn, *The Kiss: A Memoir*, Random House, 2011.

Hite, Shere, *Women and Love: A Cultural Revolution in Progress*, Knopf, 1987.

Hochschild, Arlie Russell and Anne Machung, *The Second Shift*, Viking, 1989. 『돈 잘 버는 여자 밥 잘 하는 남자: 맞벌이 부부의 가사분담 이야기』, 백영미 옮김, 아침이슬, 2001.

Hochschild, Arlie Russell, *The Time Bind: When Work Becomes Home and Home Becomes Work*, Holt, 2001.

hooks, bell, "Seduced by Violence No More," *Transforming a*

Rape Culture, eds. Emilie Buchwald, Pamela Fletcher, and Martha Roth, Milkweed, 1995.

_____, *Feminist Theory: From Margin to Center*, South End Press, 2000.『페미니즘: 주변에서 중심으로』, 윤은진 옮김, 모티브북, 2010.

_____, *All about Love: New Visions*, William Morrow, 2001.『올 어바웃 러브』, 이영기 옮김, 책읽는수요일, 2013.

Jong, Erica, *Fear of Fifty: A Midlife Memoir*, HarperCollins, 1994.

Jordan, June, *Some of Us Did Not Die: New and Selected Essays*, Basic Civitas Books, 2003.

Kolbenschlag, Madonna, *Lost in the Land of Oz: Befriending Your Inner Orphan & Heading for Home*, Crossroad, 1994.

Kübler-Ross, Elisabeth, *The Wheel of Life: A Memoir of Living and Dying*, Scribner, 1998.『생의 수레바퀴: 죽음을 통해 삶을 배우고자 하는 이에게』, 강대은 옮김, 황금부엉이, 2009.

Lerner, Harriet, *Life Preservers: Staying Afloat in Love and Life*, HarperCollins, 1996.

_____, *The Dance of Deception: A Guide to Authenticity and Truth-Telling in Women's Relationships*, William Morrow, 1997.

_____, *The Mother Dance: How Children Change Your Life*, Harper Perennial, 1999.

Miller, Michael Vincent, *Intimate Terrorism: The Crisis of Love in an Age of Disillusion*, Norton, 1996.

Millman, Marcia, *The Seven Stories of Love: And How to Choose

Your Happy Ending, William Morrow, 2001.

Newman, Fred, *Let's Develop: A Guide to Continuous Personal Growth*, Castillo Itnl, 1994.

Olsen, Tillie, *Tell Me a Riddle*, J. B. Lippincott, 1961.

Rich, Adrienne, *Women and Honor: Some Notes on Lying*, Motherroot, 1977.

Roth, Geneen, *Appetites*, Plume, 1997.

Ruff, Patricia, "Dancing on My Father's Shoes," *Father Songs: Testimonies by African American Sons and Daughters*, Beacon Press, 1997.

Sarton, May, *Journal of a Solitude*, Norton, 1977. 『혼자 산다는 것』, 최승자 옮김, 까치글방, 1999.

Shange, Ntozake, *For the Colored Girls who have Considered Suicide When the Rainbow is Enuf*, Scribner, 1997.

Silverstein, Olga and Beth Rashbaum, *The Courage to Raise Good Men*, Penguin, 1995.

Steinem, Gloria, *Revolution from Within: A Book of Self-Esteem*, Little, Brown and Company, 1993.

Stoltenberg, John, *The End of Manhood: A Book for Men of Conscience*, Replica, 1998.

Van Gelder, Lindsy and Pamela Robin Brandt, *The Girls Next Door: Into the Heart of Lesbian America*, Simon & Schuster, 1996.

Walker, Rebecca, *Black, White & Jewish: Autobiography of a Shifting Self*, Riverhead, 2002.

Welwood, John, *Love and Awakening: Discovering the Sacred Path of Intimate Relationship*, Harper Perennial, 1997.

Winterson, Jeanette, *Oranges Are Not the Only Fruit*, Grove, 1997. 『오렌지만이 과일은 아니다』, 김은정 옮김, 민음사, 2009.

Wolf, Naomi, *Promiscuities: A Secret History Of Female Desire*, Chatto and Windus, 1997.

Wurtzel, Elizabeth, *Bitch: In Praise of Difficult Women*, Anchor, 1999. 『비치: 음탕한 계집』, 양지영·손재석 옮김, 황금가지, 2003.

사랑은 사치일까

그 누구도 아닌 나로 살기 위한 페미니즘

1판 1쇄 2015년 6월 4일
2판 1쇄 2020년 4월 13일

지은이 벨 훅스
옮긴이 양지하
펴낸이 김수기

펴낸곳 현실문화연구
등록 1999년 4월 23일 / 제25100-2015-000091호
주소 서울시 은평구 통일로 684 서울혁신파크 1동 403호
전화 02-393-1125 / 팩스 02-393-1128 / 전자우편 hyunsilbook@daum.net
ⓗ hyunsilbook.blog.me   ⓕ hyunsilbook   ⓣ hyunsilbook

만든 사람들 허원 석운디자인

ISBN 978-89-6564-241-1 (03300)

이 도서의 국립중앙도서관 출판예정도서목록(CIP)은
서지정보유통지원시스템 홈페이지(http://seoji.nl.go.kr)와
국가자료종합목록 구축시스템(http://kolis-net.nl.go.kr)에서 이용하실 수 있습니다.
(CIP제어번호: CIP2019040365)